HEINZ VON WILK

Gschicht'n vom bayerischen Meer

HEINZ VON WILK

Gschicht'n vom bayerischen Meer

ChiemgauerVerlagshaus

Der Autor

Der Rosenheimer Heinz von Wilk war schon vieles in seinem Leben: Weltreisender, Musiker, Event-Manager, und Immobilienhändler.

Nach langen Jahren in Amerika, Asien und Spanien lebt er nun seit einiger Zeit im Chiemgau und schreibt hier seine Geschichten und Krimis aus der Region für den kleinen Urlaub zwischendurch.

Mehr Infos unter: www.heinz-von-wilk.de

Inhalt

Neues vom Steinheiligen.

Wie das mit dem Umzug alles begann? Schwer zu sagen, aber eigentlich fing das schon lange vorher an, aber das ist eine andere Geschichte.

Tatsache ist: Herr P., wegen seines esoterischen Hobbys bei den Nachbarn besser bekannt als der Steinheilige, sah keinen anderen Weg, um wieder zu sich selbst und zu seiner Frau und seinem Hund zu finden. Häuser und Wohnungen kann man sich aussuchen. Die dazugehörigen Nachbarn aber nicht. Und ebendiese Nachbarn haben Herrn P. nachhaltig in den Wahnsinn getrieben. Sagt er jedenfalls. Seine Frau war da anderer Meinung, denn sie schleppte ihn eines schönen Tages zu Herrn Dr. Rosenholz, seines Zeichens Psychiater, Neurologe und Paartherapeut in Prien. Und ab da wird diese Geschichte interessant:

„Keiner geht gerne zum Zahnarzt", sagt der Dr. Rosenholz und lehnt sich in seinem Sessel zurück. Er fixiert die beiden P. s durch seine dicken Brillengläser, zupft an seinem Zottelbart herum und schaut dann aus dem Fenster. Er hüstelt, betrachtet seine Fingernägel und dann Herrn P., „und keiner zieht gerne um. Aber in Ihrem Fall sehe ich keine andere Möglichkeit, um Ihre Beziehung zu retten. Suchen Sie sich ein anderes Haus in einer anderen Gegend. Anscheinend ist ein ausgewogenes Miteinander mit Ihrer aktuellen Nachbarschaft nicht möglich. Und wenn ich mir Ihre spirituellen Umwege so ansehe," damit schaut der bärtige Idiot mit gewichtiger Miene zu P., der sich in dem niedrigen Sessel sichtlich unwohl fühlt, „dann würde Ihnen eine spirituelle Reinigung gut tun. Sowas macht übrigens meine Frau. Wenn ich Ihnen da einen Termin machen kann? Natürlich mache ich Ihnen dann Sonderkonditionen. Sagen wir, 130 Euro?"

„Für uns beide? Einen ganzen Kurs oder wie man das nennt?", fragt P.

Dr. Rosenholz hüstelt wieder und sagt mit leicht beleidigter Miene: „Pro Stunde und pro Person, mein Lieber. Pro Stunde. Und ich denke, zehn oder zwölf Stunden werden das schon werden. Schließlich geht es bei Ihnen darum, Ihre innere Ausgewogenheit wiederzufinden und diese dann zu nivellieren, nicht wahr?"

Jetzt greift Frau P. ein und sagt: „Wo bitte ist ein ausgewogenes Miteinander möglich, wenn sich das nachbarliche Gesprächsniveau auf Kanalisationshöhe bewegt? Wenn man Gespräche mit anhören muss, wie zum Beispiel:' Schatz, würdest du dir für mich deine Brüste vergrößern lassen?' Sagt sie:' Nein. Lass du dir doch lieber die Hände verkleinern.' Und was meinen Mann hier anbelangt, der guckt immer so naturtrüb aus der Wäsche, den reinige ich schon selber, wenn' sein muss."

Und zu P.: „Los komm, wir gehen."

Unten, auf dem Parkplatz, sagt Frau P.: „Hundertdreißig Euro die Stunde, zehn oder zwölf todlangweilige Sitzungen? Meine Güte. Das können wir billiger haben. Ich sag' dir was. Du hörst mit deinem Hare-Krischna-Blödsinn auf, wir suchen uns ein anderes Haus, und dann leben wir drei wieder so, wie es sich gehört."

„Natürlich Schatz, du hast ja so recht", sagt Herr P. und kramt in seiner Hosentasche nach den Autoschlüsseln.

Kurz hinter Eggstätt, auf Höhe des Hartsees, der in der Sonne glitzert, sagt Herr P.: „Lass uns doch den Makler anrufen, der uns das Haus vermittelt hat. Vielleicht hat der ja was für uns. Hier", damit gibt P. das Handy zu seiner Frau rüber, „ruf Du an, ich fahre ja, wie du siehst."

„Wenn du das fahren nennst, gerne. Wie hat der Kerl geheißen? Reblaus? Nein, hier, Reblauer, da hab' ich ihn. Unter -M- gespeichert, wo er hingehört.", sagt Frau P. und drückt auf die Kurzwahltaste M3. Nach ein paar Sekunden sagt sie mit zuckersüßer Stimme: „Ja, hallo, Herr Reblauer, wie geht's Ihnen denn so? Wissen Sie, wer dran ist? Nein? Raten Sie mal. Wir waren Ihre letzten Kunden vor Ihrer Hochzeit, das Haus in Greislam, wissen Sie noch? Ja genau, ich bin das. Also, wir suchen ein Haus, weil wir doch lieber … was? Ich verstehe Sie so schlecht, was meinen Sie? Ihre Frau versteht Sie auch schlecht? Wie? Soll ich Sie später noch mal anrufen? Was?" Stille, während Frau P. angestrengt zuhört. Dann sagt sie: „Ja, gut, machen Sie das. Ok, bis gleich."

Frau P. starrt das Telefon in ihrer Hand an und meint: „Er ist auf dem Weg zum Scheidungsanwalt, sagt er, und er hätte da eine schöne Wohnung in Rimsting für uns. Er schickt mir gleich eine SMS mit Anschrift und so. Wir sollen hinfahren und mit dem Hausmeister reden. Der weiß dann Bescheid. Den ruft er gleich an."

P. nickt und biegt rechts ab nach Greislam. Und keine halbe Stunde später, die P.s sitzen im Wohnzimmer bei Kaffee und Beerdigungs-Kuchen, ist die SMS da: „DG, 140m2, 2 Terr. Bedingter Chiemseeblick, Hausmeister Ücalan, 0425-9428337, Termin abmachen."

„Was zum Teufel heißt bedingter Chiemseeblick?", fragt Herr P. das Telefon und Frau P. sagt: „Na ja, vielleicht heißt das, dass man bei Nebel den See nicht sieht oder so. Los jetzt, ruf den Hausmeister an und mach' einen Termin."

Zwei Stunden später stehen die beiden P.s auf einer der beiden Terrassen im dritten Stock eines älteren acht-Parteien-Hauses in Rimsting und Herr P. sagt zu dem stoppelbärtigen und übergewichtigen Hausmeister: „Wo ist hier der Seeblick?" Der Mann kratzt sich in Brusthöhe unter seinem blassblauen Kittel und meint: „Chieme-See? Iste da hinten, andere Richtung. Musst du beugen dir selber über Balkon, versteh? Und wenn mache Kopf ganz nach links, dann sehe ein bizzele von See. Aber uffpasse, ne? Weil Vormieter, der ist gefallen von die Balkon.

Wollte auch sehen See, aba hat zu viel gebeugt, versteh? Fällt runter und iste gleich mausetot. Bumm. Arme Mann. Inschallah." Jetzt verdreht er die Augen und streckt die Arme zum Himmel.

„Ah ja", sagt Herr P. zu dem Hausmeister, und zu seiner Frau: „Ich glaube, wir überlegen uns das noch mal, was meinst du?"

„Denke ich auch", sagt Frau P.

Im Treppenhaus treffen die P.s auf einen grauhaarigen und unrasierten alten Kerl, der eine Kiste Bier abstellt und zu den beiden sagt: „Zieht ihr hier ein, ja? Ist richtig super hier im Haus, wird euch gefallen. Ich bin der Karl, und wir duzen uns alle."

„Das ist gut", sagt Herr P., „ich duze meine Frau nämlich auch schon länger. Wenn Sie uns jetzt entschuldigen wollen?"

Um es kurz zu machen: gefühlte einhundert Besichtigungen später haben die P.s dann endlich ihr Traumhaus gefunden. Nicht über einen Makler, sondern über einen Bekannten, der es von einem Freund gehört hat: auf der Fraueninsel, noch dazu auf der Südseite, da gibt's ein Haus. Und das ist zu vermieten. Wer sich auch nur ein bisschen mit sowas auskennt, der weiß: das ist seltener als ein Sechser im Lotto. Da überlegt man nicht lange. Die P. s haben sich in das renovierte Fischerhaus auf der Stelle verliebt und sofort den Vertrag unterschrieben.

Am Umzugstag hat sich eigentlich nur einer der Greislamer Nachbarn blicken lassen. Der alte Westler von schräg hinten. Der kam um die Ecke und starrte die beiden großen braunen Möbelwagen an, die V-förmig vor der Doppelhaus-Hälfte standen. Acht Möbelpacker in ameisenbraunen Overalls schleppten die Möbel und Kartons aus dem Haus.

P. stand auf der Straße und überwachte das Einladen. Der alte Westler stellt sich also neben P. und sagt: „Ziehen Sie aus?"

„Nein, warum?", sagt P.

„Ich mein' ja nur, weil diese Leute hier alle Ihre Möbel und Bilder und das ganze Zeug raustragen und verladen. Warum machen die sowas?"

„Ach das?", sagt P. „Nein, nein. Das ist so: meine Frau macht den Frühjahrsputz. Und damit sie beim Putzen besser in alle Ecken und so kommt, da lassen wir jedes Jahr die Möbel für ein paar Tage einlagern. Ich selber geh' dann für ein paar Tage ins Hotel. Dann kann meine Frau zügiger putzen, und keiner redet ihr rein. Danach kommt der ganze Kram wieder ins Haus. Und ich auch. Das haben wir im letzten Jahr genauso gemacht."

„Ach so", sagt der alte Westler, „kann sein, ja. Letztes Jahr um diese Zeit, da war ich mit meinem Wohnmobil in Kroatien. Da hab' ich das hier gar nicht mitgekriegt." Dreht sich um und geht wieder.

Ein paar Stunden später sind die P.s glücklich im neuen Haus und gehen an den gestapelten Kartons im Wohnzimmer vorbei auf die Terrasse. Unverbaubar, der Blick über den glitzernden Chiemsee rüber zur Gebirgskette. Und hinter dem Haus: eine traumhafte Blumenwiese. Im Westen geht kurz darauf die Sonne unter, und der See glänzt, als wäre er aus purem Gold. Einfach traumhaft. Neben dem Haus, auf dem Nachbargrundstück, liegt eine eingezäunte, ziemlich große Wiese. Für eine Insel jedenfalls ziemlich groß. Und auf ebendieser Wiese, nahe am Zaun stehen drei Lama-ähnliche, exotische Tiere und starren die beiden P.s und den Dackel in der Abenddämmerung an.

„Das sind Alcantaras", sagt Herr P., und Frau P. meint: „Alpakas, so heißen die. Alpakas."

„Sag' ich doch", meint P. und winkt den Tieren zu, während er zu dem Dackel sagt: „Los komm, Hund, wir müssen noch viel auspacken."

Zwei Wochen später: alle Möbel stehen an ihrem Platz, die Bilder hängen da, wo sie hängen sollen. Fertig. Alles funktioniert, und Herr P. fängt an, sich zu langweilen. An diesem sonnigen Sonntagmorgen zum Beispiel, da sagt er zu seiner Frau am Frühstückstisch: „Wo ist der Hund?"

„Draußen", sagt Frau P., „bei seinen Kumpels."

„Was für Kumpels, bitte? Und außerdem heißt es Kumpel, nicht Kumpels."

„Der eine, dieser braune mit den weißen Ohren, der Reggie, das ist offensichtlich ein Basset", meint Frau P., „und der gehört scheinbar zu den Nachbarn hinter uns. Die können bis zu fünfunddreißig Kilo schwer werden."

„Die Nachbarn?" Herr P. schaut schockiert von seinem Frühstücks-Ei auf.

„Nein, die Hunde. Und der andere, der schwarze Bursche, das ist ein Riesenschnauzer. Der Bolo. Der gehört irgendjemandem von da drüben." Damit wedelt Frau P. mit dem rechten Arm in eine unbestimmte Richtung hinter sich.

„Und die schwarze Katze, die immer an den Mandelbaum pinkelt?"

„Die?", sagt Frau P. „Die kommt aus dem Cafe' auf der anderen Seite der Insel, Cafe' Gini glaube ich. Die Katze ist aber hauptberuflich ein Kater, und heißt Sam. Das hat mir die Frau erzählt, die ich immer beim Klosterladen treffe."

„Ach was", sagt Herr P. und zerbröselt unlustig ein Stück Knäckebrot auf seinem Teller.

Frau P. lässt die Zeitung sinken und meint: „Weißt du, was dir fehlt, Alter? Nein? Ich sag' es dir. Eine Beschäftigung fehlt dir. Du gehst mir langsam sowas von auf die Gehirnwindungen, das kann ich dir in zwei Sprachen vorsingen."

„Was schlägst du vor?", fragt Herr P. , der es schon lange aufgegeben hat, mit seiner Frau zu diskutieren.

„Hier", sagt sie und klopft auf die Zeitung, die vor ihr liegt, „das hier, das wäre was für uns. Pass auf: autogenes Training in der Mittagszeit. Jeden Dienstag von zwölf bis eins. Im Kloster. Das ist zwei Minuten von hier.Da, lies selber: kleine Gruppe mit individueller Ansprache und so weiter. Das machen wir.

Vielleicht bringt dich das auf andere Gedanken. Da geh' ich dann gleich rüber und melde uns an.."

„Mach das", sagt Herr P. und denkt sich, in einer Stunde hat die das eh' wieder vergessen.

Hat sie aber nicht. Und so finden sich die beiden P.s am folgenden Dienstag um kurz vor zwölf Uhr im großen Seminarraum des Fraueninsel-Klosters wieder. In einem viel zu großen leeren Raum, mit einem farblich kaum definierbaren Teppichboden und fünf Stühlen. Auf einem der Stühle sitzt eine nett aussehende schlanke Frau in den Vierzigern und wühlt sich durch einen dünnen Stapel Computer-Ausdrucke. Sie sieht die P's an und strahlt, dann sagt sie: „Sie sind die ersten Teilnehmer in meinem neuen Kurs. Willkommen. Suchen Sie sich Ihre Stühle aus, die anderen kommen sicher gleich."

Die anderen, das sind eine eher kleingewachsene Frau so um die Dreißig, die eine große blaue Stofftasche schleppt und sich auf dem Stuhl, der am weitesten von den P.s entfernt ist, niederlässt. Dann kommt ein alter Knabe, groß und dürr, so um die siebzig in den Raum. Er trägt einen blauen Ballonseide-Trainingsanzug mit gelben Streifen. Seine Brillengläser sind so dick wie die Böden von Cola-Flaschen, und er fährt sich nervös über seinen kahlen Kopf. Die drei freien Stühle beäugt er sehr misstrauisch, dann lässt er sich vorsichtig neben P. nieder. „Wenigstens stimmt hier die Männerquote", zischelt er P. ziemlich feucht ins rechte Ohr, „normalerweise sind nur Tussen beim AT, kann ich Ihnen sagen. Obwohl, manchmal ist ja

15

spaltbares Material dabei, aber meistens sitzt da bloß Schlussverkaufsware."

„Was meint er?", fragt Frau P. von links ihren Mann.

„Keine Ahnung", sagt P. „der Knabe ist Atomforscher oder sowas."

Jetzt kommt auch der letzte Teilnehmer in den Raum. Ein Typ um die vierzig, fünfundvierzig. Er huscht mit gesenktem Kopf zum letzten leeren Stuhl und nimmt Platz, wobei er jeglichen Augenkontakt mit den anderen meidet.

Die Kursleiterin klatscht erfreut in die Hände und sagt: „Jetzt, wo wir alle da sind, lassen Sie uns beginnen. Als erstes möchte ich mich vorstellen. Mein Name ist Irmgard Maracuja-Schnitzelköfer, ich bin Diplom-Psychologin und Lehrerin an der Priener Waldorf-Schule."

Na Servus, denkt sich Herr P. , eine angeheiratete Südfrucht. Und auch noch Waldorf-Schnitte. Wenn die jetzt ihren Namen tanzt, dann kriegen wir gleich einen doppelten Rittberger mit eingesprungenem Spagat zu sehen.

„Wir werden uns die nächsten acht Wochen an jedem Dienstag um Punkt zwölf hier sehen. Bitte seien Sie pünktlich, das Leben ist es ja auch. Danke. Heute beginnen wir mit den Grundlagen des autogenen Trainings. Lassen Sie mich kurz erläutern, was AT ist, und wie es funktioniert."

Herr P. hört schon nicht mehr zu, sondern sieht aus dem Fenster und versinkt in seinen Gedanken.

Was wollen die mir hier beibiegen, denkt er sich. Mein Gott, wenn ich da an meine Erfahrungen in Greislam denke. An meinen Kumpel, den alten Basaram. Seine esoterische Merkwürdigkeit, der große Basaram Bapa. Da haben wir nächtelang zu gregorianischen Gesängen an mineralreichen esoterisch aufgeladenen Steinen gelutscht. Bloß blöd, dass ich irgendwann den Rosenquarz verschluckt habe, denkt P. und grinst. Bis der wieder rauskam, das war auch eine überirdische Erfahrung. Oder, wenn ich an unser ayurvedisches Heilstöhnen denke, mein lieber Mann, kombiniert mit meditativer Beckenbodengymnastik, und das alles bei Vollmond. Das waren Sachen. Das hatte Hintergrund. Aber das hier, das ist doch reinstes Amateur-Voodoo.

Durch ein erneutes Händeklatschen schreckt er jäh aus seinen Träumen und hört die Stimme der Kursleiterin. Sie sagt: „So, und jetzt nimmt sich ein jeder von Ihnen eine Matte aus dem Schrank da hinten. Dann suchen Sie sich einen Platz hier im Raum, der Ihnen zusagt. Dann legen Sie sich bitte auf den Rücken. Entspannen Sie sich. Dann geht es gleich weiter."

P. geht zum Schrank und schnappt sich eine Matte. Die kleine Frau mit der großen Stofftasche hat sich auch eine Matte geholt und lässt sich links neben P. nieder. Sie lächelt und packt die Stofftasche aus: eine braune Decke, ein braunes Kissen. Dann eine blaue Überdecke und dicke rote Wollsocken.

Außerdem eine schwarze Schlafmaske und ein himmelblaues Kuscheltuch.

Mein lieber Scholli, denkt sich P., die hat das hier irgendwie mit Camping verwechselt, und schaut nach seiner Frau. Die liegt schon neben dem Rentner mit dem Ballonseiden-Trainingsanzug.

Die Kursleiterin, Frau Maracuja-Dingsbums sitzt auf ihrem Stuhl und lächelt ihre Schäfchen an. „So, meine Lieben, jetzt liegen Sie erst mal bequem. Fühlen Sie den Kontakt mit dem Boden? Ja?"

Was soll ich sonst fühlen, denkt sich P. und rutscht sich auf der dünnen Matte zurecht. Die Südfrucht auf ihrem Stuhl hat gut reden, die sitzt ja.

„Entspannen Sie sich. Schließen Sie jetzt die Augen. Hören Sie auf meine Stimme", sagt die Südfrucht, „und sprechen Sie in Gedanken jetzt folgende Sätze nach: Ich bin ganz ruhig, ich bin ganz ruhig. Die Ruhe kommt von selbst … kommt von selbst … Alles, was Sie sich jetzt vorstellen, das begleitet Sie auf dieser Gedankenreise … Ich bin ganz ruhig … Mein rechter Arm wird ganz schwer … gaaanz schwer … Denken Sie was Schönes … denken Sie an Wolken … an Berge … an einen See … was Sie jetzt denken, das wird Sie begleiten …. Mein rechter Arm wird gaaanz schwer … gaaanz schwer …"

Aber Herr P. macht diesen Kinderkram nicht mit. Er denkt an was anderes. Er denkt an seinen Hund. Er sieht ihn im Blumengarten hinter dem alten Fischerhaus herumlaufen, zusammen mit zwei Hunden aus der Nachbarschaft. Und Herr P. hat seine eigene AT-Formel im Kopf. Er grinst vor sich hin und denkt: „Ich bin ganz ruhig...die Ruhe kommt von selbst ... mein alter Hund ist viel zu schwer ... zu schwer ... ich bin ganz ruhig ... alles ist rund ... ich wollt' ich wär mein Hund.."

Und schon nach wenigen Sekunden ist P. in einen tiefen Schlaf versunken.

„Fuck the cats". Der, der das sagt ist ein übergewichtiger brauner Hund. Ein Bassett, möglicherweise. Sein rechtes Ohr ist ziemlich lädiert und seitlich, an der mächtigen Nase, da hat er auch einige Narben. Die sehen ziemlich frisch aus.

Neben ihm steht ein dunkelgrauer Riesenschnauzer. Einer von der Sorte, die die Traurigkeit gesehen hat, und der nickt jetzt bedächtig. Der Bassett sagt: „Neu hier, was? Wie heißt du denn?"

Herr P. sieht an sich herab und merkt, dass er plötzlich ziemlich kurze und braunbehaarte Beine hat. Und hinten noch mal zwei. Und das merkwürdige Fell. Was zum Teufel..?

„Kannst du nicht sprechen?", fragt jetzt der Riesenschnauzer, „Ich bin der Bolo, und das hier, das ist Reggie. Und du, du siehst mir aus wie ein Dackel. Bist du reinrassig? Und wie heißt du überhaupt?"

Herr P. nickt und merkt, dass sein Schwanz wackelt. Er räuspert sich und sagt: „Ich ... äh ... ein Hund? Was?"

„Wow, der Kleine hier heißt Hund. Das ist ja echt mal ein Name, den man sich gut merken kann.

Hund.. Heilige Kacke aber auch", sagt der Riesenschnauzer, „und du wohnst hier in der renovierten Fischerhütte, Hmh?"

Herr P. findet es selbst in seiner neuen Rolle als Hund unter seiner Würde, mit den beiden zu diskutieren. Er nickt nur. Und überlegt, wie er seinen Schwanz dazu bringen kann, mit dem idiotischen Wackeln aufzuhören.

„Well then, magst du Katzen?", fragt der Basset mit englischem Akzent in der Stimme.

„Keine Ahnung, ich hab' noch nie eine gegessen", sagt Herr P. und betrachtet immer noch fasziniert seinen wackelnden Schwanz.

„Ein Komiker", sagt der Riesenschnauzer, „so einer hat uns hier gerade noch gefehlt zu unserem Glück. Pass nur auf, du Clown, bis du Sam über den Weg läufst. Der steht auf deine Witze, da wette ich drauf."

„Wer ist Sam?", fragt P. , und Reggie, der Basset sagt: „Sam? Das ist ein OG." Und wie er das sagt, der Reggie, da klingt das mehr nach „Ouu Tschiie".

„Was zum Henker heißt das?", fragt P. und merkt, wie sein Schwanz endlich mit der blöden Rumwackelei aufhört.

„OG? Das ist amerikanisch und heißt Original Gangster. So sieht sich Sam auf jeden Fall. Ich meine, der Kerl ist vorbestraft. Der ist polizeibekannt. So einer gehört weg von der Straße. Sam kommt aus einer Sozen-Siedlung, hab' ich gehört. Der ist eigentlich nur auf Bewährung oder so hier auf der Insel.

Die netten Leute vom Cafe' Gini haben ihn aufgenommen. Nimm dich bloß vor dem in acht, der kann Anti-Wau. Das ist sowas ähnliches wie Katzen-Karate, dieses Anti-Wau. In was für einer Gesellschaft leben wir hier eigentlich? Hmh?"

„Jetzt reg' dich nicht auf", sagt Bolo zu Reggie und dann zu P.: „Stimmt schon, der Sam ist eine Landplage. Weißt du was? Der ist nicht nur kriminell, der ist sogar pervers. Der hat wochenlang in der Siedlung, wo er früher war, nachts Frauen-Unterwäsche von der Leine geklaut. Es hat sich schon keine von den Tussen da drüben getraut, über Nacht ihre Liebestöter und Büstenhalter auf der Leine zu lassen. Das Zeug ist regelmäßig geklaut worden. Das hat der uns mal erzählt. Da ist der auch noch stolz drauf."

„Yes", sagt Reggie, der sich wieder einigermaßen beruhigt hat, „da haben die sogar einen Frührentner aus der Nachbarschaft verdächtigt. Weil der im Fasching mal als Lady Di gegangen ist. Dann haben sich aber ein paar Polizisten nachts auf die Lauer gelegt. Tja, und in der zweiten Nacht oder so, da haben sie ihn überführt. Mit Infrarot-Kameras. Auf frischer Tat ertappt. Sam. Wie er über die Wiese schleicht. Mit einem BH, Körbchengröße 75 Doppel-D in der Schnauze. Das war's dann wohl. Sagt er jedenfalls. Aber ob man dem Kerl alles glauben kann?""

„Wow, und dann?" fragt P.

„Was und dann?", sagt Bolo, „Der Typ ist doch zu früh kastriert worden. Schlimme Jugend und so. Da fällt doch jeder Richter drauf rein. Also, rein juristisch gesehen, ist Sam unzurechnungsfähig. Pass bloß auf, wenn der dir über den Weg läuft. Dann musst du sehen, dass du Land gewinnst. Aber pronto."

„So, wir müssen jetzt aber auch wieder weiter. Es ist nämlich gleich Futterzeit. Und da müssen wir uns dummerweise nach den Menschen richten. Ich bin zwar der Meinung, dass ein Planet ohne Zweibeiner durchaus reizvoll wäre. Aber die wissen, wie man die Dosen mit Geflügel- Pastete und die Säcke mit Trockenfutter öffnet.", sagt Reggie und zu Bolo gewandt: „Der Kleine hier, der wird den Sam schon noch kennenlernen." Und zu P.: „So long, Kumpel. Nächstes Mal zeigen wir dir hier auf der Insel ein paar tolle Insider-Pinkel-Stellen."

Dann trotten sie davon, die beiden, und Herr P. steht auf dem Rasen und überlegt, was das ganze eigentlich soll. Ich könnte mal vor das Haus gehen, denkt er sich, und mal schauen, was da so läuft.

Was aber keine so gute Idee war, denn da sitzt er. Groß, schwarz, muskulös und mitten im Blumenbeet, links vor der Eingangstür: Sam, der Kampfkater. Seine gelben Augen fixieren Herrn P., und er schnurrt: „Ja, wer bist du denn, mein Kleiner?"

Warum zur Hölle nennen mich alle hier „Kleiner", denkt sich P. und geht näher an den Kater ran. Der sagt: „Ich bin Sam. Da, wo ich herkomme, da war ich der Schrecken der Nachbarschaft. Und du? Bist du neu hier? Wie heißt du denn?"

„Ja", sagt P., „ich bin neu hier. Und was willst du von mir, Macker? Wissen, wie ich heiße? Mann, ich bin so bösartig, für einen wie mich, da gibt es keinen Namen, kapiert? Und du, du sitzt in meinem Blumenbett. Mach dich auf eine andere Baustelle, sonst gibt es gleich eine auf die Kauleiste. Oder du endest als Mantelkragen-Pelzbesatz für irgendeine alte Oma. Such dir was aus, Mäusetiger."

„Uiuiui, das klingt ja echt bedrohlich", meint das schwarze Ungetüm: „Ehrlich jetzt? Hast du Geschwister oder Eltern?"

„Nein."

„Ah ja. Sind noch andere Hunde im Haus?"

„Nein."

„Super. Hast du schon Hundefreunde hier in der Gegend?"

„Nein. Warum fragst du mich das alles?"

„Tja, weil, wenn das so ist, dann kriegst du jetzt gleich mal fürchterlich eine aufs Maul. Nur so. Zur Begrüßung, sozusagen. Damit du gleich mal weißt, was hier abgeht. Ist nichts Persönliches. Ist rein geschäftlich." Damit schleicht der Riesenkater näher und bringt sich vor P. in Stellung.

Der sagt: „Ein Kampf? Gerne, von mir aus. Nur sollten wir vorher über die wichtigste Regel im Straßenkampf reden."

„Welche Regel denn?" fragt Sam und sieht gelangweilt nach hinten.

In dem Moment katapultiert sich P. nach vorne und beißt den Kater kräftig in die rechte Pfote. Sam springt erschrocken auf den Gartentisch unter dem Fenster, und P. ruft ihm hinterher: „Die einzige Regel ist: es gibt keine Regeln, du Blödpelz. Komm runter, und ich mach Ragout aus dir."

Der erschrockene Sam begutachtet seine Pfote und faucht vom Tisch herunter: „Ich kann sowas ähnliches wie Karate. Pass bloß auf, du Heckenpinkler."

„Mit deinem Mikado-Scheiß bluffst du mich nicht. Ich sag' dir was. Da, wo wir vorher gewohnt haben, da tobte der echte Überlebenskampf. Und zwar jeden Tag. In den Wäldern rund um Eggstätt, da hab' ich mit Löwen gekämpft. Und so ein Taschentiger wie du, der will mich erschrecken? Was? Im Leben nicht. Komm runter und stirb wie ein Mann."

Sam starrt den durchgeknallten Dackel an und sagt: „In Eggstätt gibt es keine Löwen."

„Tja, jetzt nicht mehr", sagt P., „komm in die Pötte, Alter, oder mach die Fliege. Ich hab' nicht den ganzen Tag Zeit."

Der Kater sieht sich um und schaut dann wieder auf den Hund, der ziemlich cool zu ihm herauf starrt. „Weißt du was?", sagt Sam, „Es hat doch echt keinen Sinn, wenn wir uns jetzt hier das Fell zerfetzen. Jetzt mach' dich mal cool, Alter, und wir machen einen Deal. Ich erzähle allen Katzen hier in der Gegend, dass du ein ziemlich harter Knochen bist. Der Chuck Norris unter den Dackeln. Und du, du behältst unsere kleine Diskussion hier für dich. Und wenn wir uns auf der Straße treffen, dann bleibt jeder auf seiner Seite des Weges. Vielleicht kannst du auch noch so tun, als ob du Angst vor mir hättest. Ok?"

P. starrt den Kater nieder, genau so, wie er das im Fernsehen bei den Klitschkos gesehen hat. Der Kater blinzelt als erster. Bumm. Verloren. Dann sagt P.: „Ja gut, ausnahmsweise. Von mir aus. Hau ab jetzt, bevor ich mir das anders überlege. Weil, wenn ich Blut sehe, dann werde ich noch irrer. Da dreh' ich ab. Weißt du was? Ich mach' jetzt die Augen zu und zähl' bis eins. Und wenn ich sie gleich wieder aufmache, dann bist du weg. Und jetzt hau ab. Zack die Bohne, ab mit dir. Tschüssikowski."

P. schließt die Augen, hört ein Huschen und spürt einen Luftzug neben dem rechten Ohr. Vorsichtig öffnet er ein Auge ein klein wenig und späht um sich. Der Kater ist weg. Verschwunden. Zischend lässt P. seinen Atem entweichen und geht zurück zum Haus. Da hört er eine tiefe Stimme: „Was war das denn? Schämst du dich denn gar nicht?"

P. schaut über die rechte Schulter zum Holzzaun hin. Da steht eins der Alpakas. Ein heller Bursche mit einem unfassbaren Haarschnitt. P. tänzelt auf ihn zu und sagt: „Was ist, Dicker? Hast du auch ein Problem? Oder willst du eines? Jetzt bin ich gerade gut in Fahrt."

„Komm mal runter, Kleiner. Ich bin Winnetou, und das da hinten, das sind meine Frau und meine Tochter. Und du bist unser neuer Nachbar, was?"

„Winnetou, was ist das denn für ein Name für ein Dromedar?" fragt P. und das große Tier auf der anderen Seite des Zaunes sagt: „Ich bin ein Alpaka. Wir alle drei hier sind Alpakas. Und Winnetou heiße ich, weil mein Vorbesitzer gerne als Indianer verkleidet durch die Gegend geschlichen ist. Ein abgefahrener Typ war das. Aber die beiden hier, meine neuen Menschen, die sind in Ordnung."

„Ach ja?", sagt P. „wie sind die denn?"

„Na ja, es hat seine Zeit gedauert, bis die beiden zutraulich geworden sind. Aber jetzt haben wir sie ganz gut im Griff", sagt Winnetou, „sie gehen beide schon einwandfrei an der Leine. Neulich waren wir sogar drüben auf der anderen Seite der Insel mit ihnen. Nur wenn uns die Touristen mit ihren Fotoapparaten zu nahe kommen, dann sind sie noch ein bisschen hysterisch. Aber das kriegen wir auch noch hin. Man muss sie nur irgendwie esoterisch anstarren, das wirkt. Menschen sind schon merkwürdig, was? Warum hast du denn den armen Sam so fertig gemacht?"

„Armer Sam?", sagt P., „Von wegen. Der Typ ist doch voll gaga. Der wollte auf mich losgehen. Hast du das nicht gesehen?"

„Ach was", meint Winnie, „der Sam, der ist schon in Ordnung. Das ist doch alles bloß Theater, was der so veranstaltet. Wir kennen den schon lange. Der Sam, der ist eigentlich, wie sagt man? Ein Weichei in einer Kokosnuss-Schale."

„Harter Kern, weiche Schale, so heißt das. Aber der Kerl ist doch polizeibekannt, habe ich erfahren. Ein Unterwäsche-Fetischist und ein Dieb. Sowas nennst du in Ordnung?"

„Blödsinn", sagt Winnie, „gut, der Sam hat drüben auf dem Festland mal Wäsche von der Leine geklaut. Das stimmt. Aber die Teile hat er der Katze gebracht, die neben der Werft in dem alten Schuppen wohnt. Die hat Junge gekriegt, und es war bitterkalt. Und da hat der alte Sam eben was Warmes zum zudecken für die Kleinen organisiert. Der ist schon ok, der Sam. Der ist oft bei uns hier im Gehege. Mit dem kann man sich echt gut unterhalten. Beknackt finde ich eher deine beiden Hunde-Kumpels. Der kleine Braune, Bassets heißen die wohl, der redet nur englisch und redet sich ein, er wäre was Besseres. Dabei hab' ich gehört, dass er aus Pittenhart kommt. Und der Schnauzer? Der ist ständig leicht depressiv und macht meine Frau an. Aber was soll's. Hier, willst du mit uns essen? Wir haben tolle Wildblumen hier drüben. Ich werf' dir gerne ein paar über den Zaun?"

„Nein, schon gut. Danke", sagt P., „Ich bin gerade auf einer Geflügel-Ragout-Diät, da darf ich nichts Grünes zwischendurch essen. Außerdem muss ich ins Haus. Meine Menschen machen dauernd Blödsinn, wenn ich nicht da bin. Mach's gut, man sieht sich. Tschaui."

„Jau Mann, hau rein. Ich muss dann auch mal wieder. Hasta luego", sagt Winnetou und trabt zu seinen beiden Mädels.

27

P. trottet zurück zum Haus und merkt, dass ihn was an der Schulter berührt. Sam, denkt er, diese linke Bazille greift mich von rückwärts an. P. schnappt nach hinten und knurrt.

„Aua", sagt Frau Maracuja-Schnitzelköfer, „Sie haben mich gebissen. Hallo, aufwachen. Aufwachen. Wir sind bei der Rücknahme. Rück-nah-me. Konzentrieren sie sich und jetzt: Arme fest an den Körper, und ballen Sie jetzt bitte die Fäuste. Gut, jetzt tief ein-und ausatmen, ja, genau so. Und jetzt: Augen auf. Hallo? Die Augen öffnen und Außenkontakt herstellen. Hören Sie mich?"

Herr P. öffnet die Augen und sieht über sich die Südfrucht, die sich die Hand hält. Neben der Kursleiterin taucht das erschrockene Gesicht seiner Frau auf. Und daneben der Rentner im Ballonseide-Trainingsanzug. In sicherer Entfernung stehen die anderen beiden Damen. Die Südfrucht sagt: „Es ist ja schön, dass sie sich so entspannen konnten. Sie sind ein Naturtalent, was das autogene Training anbelangt. Obwohl nicht viele Teilnehmer im Entspannungszustand knurren und winseln, muss ich sagen. Und gebissen hat mich bis jetzt auch noch keiner."

P. rappelt sich hoch und rollt seine Matte zusammen. Beim Rausgehen sagt seine Frau: „Warte mal, du hast hier ein schwarzes Haar am Kragen." Sie zupft es weg, hält es vor die Augen und sagt: „ein schwarzes Katzenhaar. Wie kommt das denn hier her?"

„Keine Ahnung", sagt P., das muss wohl auf der Matte gewesen sein."

In einer anderen Welt.

Sein Name war Gerd. Gerd noch und was. Ich hab's vergessen. Ich hab' ihn Spülwasser getauft und seinen Namen einfach vergessen, kaum, dass er ihn genannt hat. Schon merkwürdig, oder? Aber seine Stimme, die habe ich noch gut in Erinnerung: tief und brüchig war sie, von zu viel schlechtem Wein und noch mehr billigen Zigarren. Und sein Gesicht, das sehe ich auch immer noch ganz klar vor mir, das hatte die Farbe von altem Spülwasser. Und damit kenne ich mich aus. Mit Spülwasser, meine ich. Seine braunen Augen waren irgendwie leblos, und mit der linken Hand ist er sich beim Sprechen oft durch das kurze, graue Haar gefahren, das weiß ich auch noch.

Aber lassen Sie mich von Anfang an erzählen. Es war einer dieser unsagbar schönen Spätsommertage, in Amerika nennen sie die „days of wine and roses", glaube ich. Und ich, ich war auf der MS EDEL-TRAUD. Da habe ich damals gearbeitet. Als Koch. Wenn man das so nennen kann, denn eigentlich habe ich nur Würstchen heiß gemacht und Käseplatten mit trockener Petersilie garniert.

Egal, es war meine letzte Tour für den Tag. Schichtwechsel in Chieming.

Drei Passagiere saßen auf dem Oberdeck. Jeder für sich alleine. Hinter mir ging die Sonne langsam unter und tauchte den Chiemsee in ein magisches Licht. Die Herreninsel war wie in pures Gold getränkt, und über der Alpenkette spielten sich dünne Wolken.

Unten, im Salon, da waren auch noch ein paar Touristen, zehn oder zwölf, denke ich mal.

Der Job auf der MS EDELTRAUD war gut. Das Schiff ist ja nicht groß: um die fünfzig Meter lang, unten mit den zwei Salons und der Küche. Drüber sind der große Salon und die beiden Freidecks. Und oben, da haben wir das Steuerhaus und das hintere Sonnendeck. Wenn die fast fünfundvierzig Jahre alte weiße Dame voll ist, dann sind so an die 112 Passagiere an Bord.

Aber jetzt, jetzt waren gerade mal drei hier oben am Sonnendeck. Und ich. Ich sitze gerne hier, wenn es meine Zeit erlaubt. Der Bedienung sage ich immer, ich bin dann mal oben. Wenn wirklich einer noch was essen will oder so, dann weiß sie, wo ich bin. Aber auf diesen Rückfahrten ist um diese Jahreszeit meist nicht mehr viel los.

Mein Problem ist, dass ich nicht gerne rede. Deshalb glauben manche Leute, ich sei ein guter Zuhörer. Das bin ich eigentlich nicht. Aber es ist so: wenn man nicht viel sagt, und sein Gegenüber nur ansieht und nickt oder so, dann redet der in einer Tour. Und spricht von Dingen, die er normalerweise nicht erzählen würde. Weil er sich verstanden fühlt. Das müssen Sie mal probieren. Funktioniert fast immer.

Auf jeden Fall, ich sitze also da oben und schaue zur Fraueninsel rüber, die langsam genauso golden wird wie ihre große Schwester, und dann nehmen wir Kurs auf Chieming.

Fahrtzeit noch ca. dreißig Minuten.

31

Und da sehe ich ihn zum ersten Mal. In der Tür bleibt er kurz stehen, schaut sich an Deck um und steuert direkt auf mich zu. „Darf ich mich zu Ihnen setzen?"

„Klar", sage ich und schaue wieder auf den See raus. Ich will mit niemandem sprechen, will einfach nur hier sitzen und dem Tag beim Einpacken und gehen zusehen. In einiger Entfernung rauscht ein großes, teuer aussehendes Elektro-Boot an uns vorbei. Am Steuer sitzt ein graumelierter Typ, und hinter ihm lümmeln sich zwei junge Frauen in Badeanzügen auf einer weißen Lederbank und trinken was aus hohen Gläsern. Sekt, Champagner, was man auf so einem Boot eben trinkt.

„Das ist eine 909er Benaco", sagt der Kerl neben mir, „so eine hab' ich auch mal gehabt." Er setzt seine Worte so, wie wenn man mit einem Hammer Nägel in feuchtes Holz treibt. Und das mit dieser tiefen, zerrissenen Stimme. Da hab' ich mir den Mann kurz angesehen und genickt. Dann sagt er: „So eine kostet um die dreihunderttausend. Ist sie aber auch wert." Ich nicke wieder. Was du nicht sagst, denke ich.

„Ich will Sie eigentlich nur was fragen", spricht er weiter, „Sie arbeiten doch hier an Bord, oder?" Schlaues Kerlchen, denke ich, wie viele Touristen laufen hier mit einer ehemals weißen Schürze um den Bauch rum? Ich nicke wieder.

„Haben Sie in diesem Jahr mal einen Typen an Bord gehabt, so einen um die fünfzig, mit weiten weißen indischen Klamotten? Mit einer goldenen

32

Christbaumkugel um den Hals? Schlanker Typ, halblange graue Haare, braunes Gesicht und blaue Augen? Und einen Hund hat er auch immer dabei, einen schwarzen Riesenschnauzer? War der mal bei Ihnen hier auf dem Schiff?"

Ich weiß sofort, wen er meint. Den Kerl in Weiß mit seinem schwarzen Hund, den habe ich selber aber noch nie gesehen. Aber ein Kollege, der auf der IRMINGARD fährt, der hat den Typ schon ein paar Mal mitgenommen. Umsonst. Auf die Herreninsel rüber und wieder zurück nach Prien. Seit ein paar Jahren kommt der Kerl mit seinem Hund an den Chiemsee, arbeitet irgendwo als Flaschensortierer und Spüler auf einer Alm oder so, bleibt ein paar Wochen und zieht dann wieder weiter. Ein harmloser Esoterik-Spinner, der keinem was tut. Sogar unsere Zeitung hat mal über den geschrieben. Weil er auf der Seiser-Alm mal ein Happening gemacht hat. Bei Vollmond. So genau weiß ich das jetzt aber auch nicht mehr.

„Bei uns auf dem Schiff war der noch nicht, glaube ich. Warum?"

„Ich hab' den mal in meinem Boot mitgenommen", sagt der Kerl, „der hat mich in Prien drüben angesprochen. Nein, angesprochen ist verkehrt, es war so: ich war am Einräumen auf dem Boot, Bier und Lebensmittel und so. Da stand der Bursche plötzlich hinter mir auf dem Steg. Neben ihm sein großer schwarzer Hund. Na ja, und da steht der, ganz in Weiß mit seiner komischen goldenen

Christbaum-Kugel um den Hals und schaut mich an. Sagt kein Wort. Und der Hund, der glotzt mich auch bloß an. Was läuft, sag ich, und er, der Weiße sagt: 'Sie fahren zur Herreninsel rüber, oder'?"Woher weiß der das, denke ich und sage: 'Kann sein. Ja, warum'?" 'Nun, würden Sie uns vielleicht mitnehmen? Uns beide' Damit nickt er zu seinem Hund und der zeigt mir freundlich seine Zähne. Da hab' ich mir gedacht, warum nicht, und hab' die beiden mitgenommen."

Jetzt nicke ich und schaue wieder auf den See raus. Der Kerl spricht weiter „Auf dem See draußen hab' ich ihn gefragt, ob er ein Bier will, und vielleicht ein bisschen Käse und Brot. 'Ja, sagt der, warum nicht'. Also hab' ich die Maschine gestoppt und wir saßen da an Deck und haben Bier getrunken und gegessen. Der Riesenschnauzer war ganz verrückt nach Weißbrot, das weiß ich noch wie heute."

Ich drehe den Kopf und schaue in dieses nachdenklich nickende Spülwasser-Gesicht, in das sich jetzt mühsam ein Lächeln gräbt. Er schluckt und spricht weiter: „Dann hab' ich ihn gefragt, was er auf der Insel will. 'Einen Freund besuchen, der da irgendwo als Koch arbeitet', sagt er. 'Weiß der, dass ihr beide kommt,' frage ich und er sagt,' nein, woher. Freunde fühlen sowas'.

'Was tun Sie eigentlich?', frage ich und er sagt, 'ich suche den Sinn des Lebens. Vielleicht finde ich ihn. Vielleicht auch nicht.' Was könnte das sein, der Sinn des Lebens, sage ich. Und dann schaut der mich lange an, mit seinen strahlend blauen Augen und sagt: ' 48. Ich glaube, der Sinn des Lebens ist in der Zahl 48 versteckt.' Das meint der aber jetzt nicht im Ernst, denke ich. Dann nimmt er einen tiefen Schluck von seinem Bier und gibt seinem Hund ein weiteres Stück von dem Baquette."

„Warum 48?", frage ich und Spülwasser sagt: „Hab' ich ihn auch gefragt. Und er sagt, 'die Zahl 4, die ist bei den Chinesen der Inbegriff von Unglück. Sie werden in einer Stadt wie Hongkong oder Shanghai kein Taxi sehen, das die 4 im Nummernschild hat. Oder gar einen Krankenwagen mit der 4 drauf. In so einen kriegen Sie in Asien keinen Kranken rein. Eher erwürgt der sich auf dem Bürgersteig selber. So, und die 8, die ist die absolute Glückszahl. Und 48, das kann man durch die 8 teilen. Dann hat man 6, wie Sex. Das heißt, in dieser Zahl, da ist alles drin: Glück, Unglück, Liebe, Tragödie. Das ganze große Lebenstheater ist da drin. Deswegen glaube ich, dass die 48 dem Sinn des Lebens schon ziemlich nahe kommt,' sagt er. Das waren seine Worte."

Interessant, denke ich und suche mit der Zungenspitze nach einem Krümel zwischen meinen Vorderzähnen.

„Ich muss ihn wohl ziemlich dämlich angesehen haben", sagt Spülwasser, „weil er nach einem weiteren Schluck Bier gemeint hat, 'Sie glauben mir nicht, was? Dann fragen Sie doch Ihren zuständigen Gott. Egal, an welchen Sie glauben. Es gibt so viele, und fast alle sind gut in ihrem Job. Und wenn ein richtiges Gewitter ist, dann streiten die sich da oben um den Nachtisch.' Das waren seine Worte."

Ich schaue Spülwasser immer noch an, und er sagt: „Ich bin nicht gläubig. Aber der Kerl, der hat eine Ausstrahlung gehabt, das war unwahrscheinlich. Und ich glaube, der konnte Gedanken lesen und in die Zukunft sehen. Ja, das glaube ich. Ich hab' noch einen blöden Witz erzählt und zu ihm gesagt, 'Sie wissen scheinbar sehr viel, aber wissen Sie denn, dass Adam und Eva, die beiden im Paradies, dass das garantiert waschechte Europäer waren? Nein? Doch, waren die, sag' ich, denn die Eva hat ja den Apfel gegessen. Wenn die beiden Chinesen gewesen wären, hätten sie den Apfel am Baum gelassen und stattdessen die Schlange verspeist."

Ich quäle mir ein Grinsen ab und nicke. Er sagt: „Aber jetzt, jetzt kommt der Hammer. Der komische Heilige starrt mir in die Augen und sagt, 'ich glaube, Sie stehen vor einer großen Wandlung. Ihr Leben wird sich umstellen. Ich weiß nicht, in welche Richtung, aber vieles wird anders werden' Da ist es auf dem Boot plötzlich kalt geworden, und ich hab' die beiden zur Insel rübergebracht und bin gleich wieder nach Prien geschippert. Ich hab' dann natürlich gedacht, mit meinem Leben, Mann, was kann da noch besser werden? Tolle Frau, teures Haus mit unverbaubarem Bergblick. Eine Firma, die gut läuft und ein Boot am Chiemsee. Aber man weiß ja nie. Jetzt weiß ich es. Und darum suche ich ihn."

Noch ungefähr zwanzig Minuten bis Chieming.

„Warum suchen Sie ihn nicht mit Ihrem eigenen Boot?", frage ich. Er lächelt wieder und sagt: „Das Boot ist weg. Das Haus auch. Und die Firma sowieso. Und meine Frau auch. Ziemlich weg sogar."

„Und wo ist Ihre Frau jetzt?"

„Wo sie jetzt ist, das weiß ich nicht. Nur, dass sie tot ist. Wo ist man, wenn man tot ist? Wissen Sie das?"

Mir wird das langsam ein bisschen viel. Warum finden mich solche Typen immer? Wie ein Magnet ziehe ich Menschen wie ihn an. Das ist mir in meinen fast sechzig Lebensjahren schon so oft passiert. „Ich hole uns jetzt mal zwei Bier", sage ich und stemme mich mühsam hoch. Er sieht mich an und sagt: „Gute Idee. Danke. Für mich aber bitte einen Rotwein. Den Billigsten. Noch vor zwei Jahren, da habe ich meinen Wein direkt vom Winzer aus St. Emilion kommen lassen. Und meine Zigarren per Luftfracht aus Havanna. Jetzt kommt mein Wein im Tetra-Pack vom Discounter, und meine Zigarren vom Sonderangebots-Tisch an der Kasse."

Ich gehe vor zum Steuerhaus, und an der Treppe steht der Käpt'n. „Was will der von dir? Weißt du, wer das ist?"

„Nein", sage ich, und der Chef meint: „Das ist der Dings, wie heißt der doch gleich? Der Möbel-Discounter. Der hat doch bis vor einem guten Jahr die größten Möbelhäuser hier im Chiemgau gehabt. Möbel, warte mal, genau, XL-Möbel Bayern. Das ist der. Der hat doch eine sensationelle Pleite hingelegt. Hast du da nichts in der Zeitung gelesen damals?"

„Nein. Ich lese schon lange keine Zeitungen mehr", sage ich, gehe an ihm vorbei die Treppe runter in meine Küche und hole ein Bier und eine kleine Flasche Zweigelt aus dem Kühlschrank. Den günstigen Zweigelt in der 02er- Drehverschluss-Flasche.

Der Kerl, den ich Spülwasser nenne, ist an die Reling gerutscht und schaut mit seinen toten Augen in eine andere Welt. Er nimmt die Weinflasche und schraubt den Verschluss ab. Ich trinke von meinem Bier und nicke ihm zu.

„Wissen Sie, wer die Kinder des Lichts sind?", fragt er, nachdem er einen tiefen Schluck von dem Wein genommen hat. Direkt aus der Flasche.

„Nein. Was denn? Ein Kegelverein für Elektriker?"

Er schüttelt mit einem müden Grinsen den Kopf und sagt: „Die Kinder des Lichts. Klingt harmlos, was? Ist es aber nicht. Passen Sie auf, ich sage es Ihnen. Das geht ganz unverfänglich los. Irgendwer erzählt Ihnen davon, oder es spricht Sie jemand auf der Straße an und lädt Sie zu einem Treffen ein. Dort sind dann Leute, die Ihnen sagen, was für eine göttliche Aura Sie haben. Man versprüht eine Art Engels-Essenz, um Ihre Aura sichtbar zu machen. Und dann zeigt man Ihnen, wo und wie man die Aura noch verbessern kann. Und dass das Ihrem Alltag eine neue, magische Dimension geben kann. Das kostet auch nicht viel. Nur ein paar hundert Euro. Dann, ein oder zwei Wochen später, da erzählt man Ihnen, dass auch Ihr Körper gereinigt werden muss. Weil der Körper ja in Harmonie mit der erweiterten Aura klingen muss, ein Klangkörper. Das sind Sie, die Person. Per-Sonare. Das ist lateinisch und heißt so viel wie ... etwas, das durchklingt. Ungefähr jedenfalls. Gut was?"

„Und das funktioniert?", frage ich.

„Vielleicht nicht bei jedem. Aber bei einigen. Der nächste Schritt ist ein Channeling. Das kostet auch nicht viel. Aber schon deutlich mehr als die vorhergegangenen Sachen. Man will die Leute jetzt dazu bringen, dass sie viel Zeit mit den Lichtkindern teilen. Der nächste Schritt ist, dass man Ihnen geweihte Kerzen verkauft. Das sind die Bringer der kosmischen Energie, diese Kerzen. Nach dem Kerzen-Zauber hat man schon die nötige spirituelle Hygiene, um auf Meditationsreisen zu gehen. Man kann die heilige Maria auf dem Matterhorn treffen, oder Jesus besuchen in Rio. Die Inhalte sind eigentlich irrelevant. Und am Schluss, da wird man zum Kind des Lichts, zum Botschafter der heiligen Flamme ernannt. Dazu muss man aber alles Irdische bei der heiligen Flamme abgeliefert haben."

„Was?"

„Genau. So funktioniert das. Glauben Sie mir, ich habe mich die letzten einundeinhalb Jahre sehr intensiv damit beschäftigt." Er trinkt wieder und sagt: „Jetzt fragen Sie sich, wie kann es soweit kommen? Dass die eigene Frau abdriftet, und man merkt nichts? Keine Ahnung, den Anfang, den habe ich selber voll übersehen. Ich war ja irgendwie in erster Linie mit mir beschäftigt. Mit Golfen, mit den Lions und den Rotariern und meinen anderen Vereinen. Außerdem war ich viel in der Welt unterwegs. Ich hab Rattan-Möbel in Manila gekauft und Batik-Gardinen in Bombay. So Zeugs eben. Und dabei verpennt, was Zuhause so abläuft. Meine Frau ist am Anfang nur etwas anders geworden, aber ich hab' mir nichts dabei gedacht. Und das komische Zeug, das sie manchmal geredet hat, das ging mir bei einem Ohr rein und beim anderen wieder raus. Sie interessiert sich halt jetzt für Mythologie oder sowas, das war meine Denke. Weit gefehlt. Dabei war sie schon ziemlich tief drin in dem Sumpf. Und ich hab' erst die Augen aufgemacht, als ich ein Anwaltsschreiben auf dem Schreibtisch hatte, dass meine Frau unsere Firma der Sekte überschrieben hat. Mit allem drum und dran. Sie hatte ja Prokura, für die Firma, die Konten, für alles, müssen Sie wissen. Ich hab' mich nur um den Einkauf gekümmert, den Rest hat sie gemacht. So, und am selben Tag rufe ich meine Bank an und habe erfahren, dass unsere Konten auch leer sind. Damit konnte ich die Hypothek für das Haus nicht mehr bedienen. Bingo. So ist eines zum anderen gekommen. Ich wollte das irgendwie nicht begreifen und hab' versucht, meine Frau anzurufen. Ging keiner ran. Dann bin ich nach Hause gerast, aber da war sie nicht mehr. Am nächsten Tag hat mich ein Anwalt der Lichtkinder besucht und mir erklärt, dass ich keinen Aufstand machen soll, es wäre alles legal abgelaufen. Meine Frau wäre in einem Camp in einem anderen Land und würde nie mehr zu mir zurückkommen. Das ist jetzt natürlich die Kurzfassung im Zeitraffer. Ich weiß auch nicht, warum ich Ihnen das alles erzähle."

Ich auch nicht, denke ich mir.

Noch zehn Minuten bis Chieming.

Ich nicke wieder, weil ich nicht weiß, was ich ihm sagen soll. „Warum suchen Sie den Mann mit dem Hund?", frage ich dann.

„Weil ich mit ihm reden will. Ob er den wahren Sinn des Lebens jetzt gefunden hat. Schauen Sie mal, das war sie."

Spülwasser zieht eine alte schwarze Brieftasche aus seiner Jacke und klappt sie auf. Ich sehe das Bild einer hübschen blonden Frau um die vierzig. Neben ihr ein Mann, der nicht viel Ähnlichkeit mit dem Menschen neben mir hat. „Das sind wir beide", sagt er, „und ein paar Monate später war sie tot."

Neben dem Bild sehe ich in einer Einstecktasche eine abgelaufene goldene Mitgliedskarte eines Golf-Clubs mit seinem Namen drauf. Gerd und noch was, mit A am Anfang. Ich hab's tatsächlich vergessen. Er steckt die Brieftasche wieder ein und sagt: „Haben Sie auch eine Frau?"

„Manchmal", sage ich, und er: „Na ja, dann habe ich irgendwann einen Anruf von der Polizei erhalten. Meine Frau ist in Süditalien tot aufgefunden worden. Selbstmord. Fremdverschulden ausgeschlossen, hat

41

man mir gesagt. Ich habe dann recherchiert und geg-
oogelt und alles Mögliche gemacht. Ich wollte wissen, wer sind die? Was machen die noch alles? Also,
die machen so einiges, das kann ich Ihnen sagen. Die
Kinder des Lichts haben ein Camp in der Nähe von
Bari. Dann eines bei Zürich. Und der Kopf des ganzen, der Oberguru, der hat ein Schloss in der Toskana. Gut, was?" Er schüttelt den Kopf und spricht
weiter: „Ich hab' rausgekriegt, dass da, in der Toskana, Männer ausgebildet werden, die sich dann an
vermögende Frauen ranschmeißen. In Luxus-Well-
ness-Oasen und in Super-Hotels. An Orten eben, wo
sich Frauen mit viel Geld aufhalten. Das läuft dann
so ab: der Ehemann ist daheim in der Firma, und
die Gattin lässt sich im fünf-Sterne Resort die Seele
waschen. Und dann machen diese Typen auf ein-
fühlsamen Versteher. Dann passiert, was immer in
solchen Situationen passiert. Die Frau wird verführt,
und das wird gefilmt. Dann wird die Frau mit dem
Film erpresst und ausgenommen. So lange, bis nichts
mehr zu holen ist. Die wenigsten gehen zur Polizei.
Fast alle zahlen. Eine hat sich mal getraut, die hat die
Bande angezeigt. Der Fall ging doch im letzten Jahr
groß durch die Presse, haben sie davon nicht gelesen? Egal, ich wollte nur sagen, sowas machen die
auch, die Lichtkinder. Ein breitgefächerter und gut
aufgestellter Konzern ist das, und international tätig.
Wundert mich, dass die noch nicht an der Börse
sind."

Er holt tief Luft und will weitersprechen, aber jetzt streckt meine Kollegin den Kopf aus der Tür und ruft zu uns herüber: „Wir legen gleich an, willst du nicht deine Kombüse dicht machen?"

Ich stehe auf und nehme Spülwasser die leere Weinflasche aus der Hand. Er sieht mich an und sagt: „Danke".

„Für was? Für den billigen Wein hier?"

„Nein", sagt er, „Sie wissen schon."

Ich nicke und mache mich auf den Weg in meine Küche, in meine kleine Welt.

Und er bleibt in seiner, der dunklen.

Ein Engel in Breitbrunn

Mitten in Breitbrunn, auf einem steilen Moränen-hügel über dem idyllischen Dorfweiher, steht eine der schönsten Barock-Kirchen des Chiemgaus. Die Breitbrunner, weithin als arbeitsam und gottesfürch-tig bekannt, wissen das und sind entsprechend stolz auf ihre Kirche. Gut, genaugenommen ist die St. Johannes-Kirche die ehemalige Filialkirche der Klos-terpfarrei Herrenchiemsee. Aber im Jahre des Herrn 1806 wurde sie infolge der Säkularisation zur Pfarr-kirche erhoben.

Die beiden Seitenältäre wurden um 1722 rum von einem Künstler namens Puechnetter angefertigt, und ob Sie es glauben oder nicht: der Bildhauer Franz Mozart, ein Großonkel von unserem allseits belieb-ten W. A. Mozart, der war auch mit von der Partie. Ja gut, Historiker werden jetzt sagen: Moment. Die Hauptbestandteile der beiden Seitenaltäre, die Kan-zel und den Hauptaltar haben die Breitbrunner ja damals von der Gemeinde Plattling käuflich erwor-ben. Weil die Plattlinger dazumal ein wenig klamm waren, und die Breitbrunner schon immer ganz gut im Geldverdienen.

Mag alles sein, sage ich, aber jetzt ist diese ganze kirchliche Herrlichkeit in Breitbrunn.

Warum ich Ihnen das alles erzähle? Weil hier, direkt unter der blattgoldverzierten Kanzel, das ganze Unheil seinen Anfang nahm. Der damalige Breit-brunner Pfarrer hatte nämlich die Angewohnheit, sich ein- oder zweimal in der Woche mit einem Glas Messwein unter die Kanzel auf eine der harten Kirchenbänke zu setzen und mit seinem himmlischen Chef zu sprechen. Natürlich hat er das erst relativ spät am Abend gemacht, lange, nachdem die letzte Messe gelesen war. Und weil er seine Schäfchen auch nach Feierabend bedachte, kam es irgendwann zu diesen Monologen.

Natürlich hat sogar ein Dorf wie Breitbrunn ein oder zwei schwarze Schafe. Und die Rettung dieser armen Seelen lag dem Pfarrer besonders am Herzen. So, wie ein guter Hirte erst zufrieden in den Schlaf sinken kann, wenn er all seine Tierchen im trockenen und warmen Stall weiß.

Genug der Vorrede. Stellen Sie sich vor, wie der Pfarrer da so sitzt und dem Herrn sein Leid klagt: Dass es da einen gibt im Dorf, der so gar nicht mit der Herde mitlaufen will. Und dass man dem doch mal einen himmlischen Wink mit dem Zaunpfahl geben könnte. Irgendwas, das das bockige Mitwesen wieder in den Kreis der Seligen bringt.

Und der Herr hat sich was einfallen lassen. Gut, und auch im Himmel und speziell im Paradies geht es mal drunter und drüber. Und so ist es passiert, dass sich vor einigen Jahren in Breitbrunn Folgendes zugetragen hat:

Es hat schon den ganzen Tag über heftig geregnet. Stur und beständig. Ein typisch bayrischer Landregen, der die Berge in Wolken hüllt und das Getreide auf den Feldern nach unten drückt. Und jetzt, kurz vor Mitternacht, da rieselt es immer noch so vor sich hin.

Nebel kriecht aus den Büschen neben der Fahrbahn, und im blauen Scheinwerferlicht des alten BMW sehen die Bäume auf der anderen Seite der engen Straße aus wie Statuen. Wie Wesen aus einer grauen Vorzeit, in Stein gemeißelt.

Das erinnert mich so ein bisschen an diese riesigen Köpfe, die um die fünf Meter hohen Statuen, die ich damals auf den Osterinseln gesehen habe, denkt sich der Meier. Wie die da stehen und seit fast 1500 Jahren auf den Pazifik schauen. Schon irgendwie der Wahnsinn, oder? Und keiner weiß so recht, wie die da hingekommen sind. Genauso, wie ich nicht mehr so recht weiß, was mich damals hierher an den Chiemsee nach Breitbrunn verschlagen hat. Mich, der ich alle Meere befahren und mich damals wie der König der Welt gefühlt habe.

Moai, so heißen sie, diese Riesenköpfe, jetzt fällt es mir wieder ein. Und ich, ich bin der Meier. Das klingt doch so ähnlich wie Moai, oder? Mit ein bisschen Phantasie jedenfalls.

Vielleicht bin ich sogar mit denen verwandt. Vielleicht bin ich in einem früheren Leben ein Königssohn auf einer der tausend kleinen Inseln in der Südsee gewesen. Mit einem Harem und einem goldenen Thron. Und jetzt, jetzt bin ich 53, übergewichtig, mit wenig Haaren auf dem Kopf und zweiter Direktor in der Bergland-Bank in Prien.

Harem hab' ich auch keinen. Aber ich hab' das alles gesehen, auch die alten Dörfer und die verfallenen Holzpaläste, wo die damals gelebt haben. Das war vor dreißig Jahren, als ich noch zur See gefahren bin.

Fünf oder sechs Seetage waren das damals, die Überfahrt von Valparaiso zu den Osterinseln rüber. So lange hat der alte Frachter gebraucht, das weiß ich noch gut. Je nachdem, wie das Wetter war und wie der Wind kam. Und auf den Osterinseln, da waren wir immer zwei Tage und eine Nacht. Lebensmittel und Wasser und Zeitungen, Bücher und Möbel und Ersatzteile für Maschinen oder Autos löschen, und dann ging es weiter in die Südsee. Wieder fünf oder sechs Tage auf dem Pazifik.

Meier schließt für einen Moment die Augen und sieht das unendlich weite Meer und riecht das Salz in der Luft und glaubt, das Schwanken des Schiffes zu spüren, da wird er jäh von der Stimme seiner Frau aus seinen Träumereien gerissen. Die kramt vornüber gebeugt auf dem Beifahrersitz in ihrer schwarzen Handtasche nach einem Tuch und hat scheinbar schon einige Zeit vor sich hin gemeckert.

Meier dreht den Kopf nach rechts und seufzt. Fast dreißig Ehejahre. Was habe ich nicht alles getan für diese Frau, denkt er sich. Das Abi auf dem zweiten Bildungsweg nachgeholt, in der Bank angefangen. Mich hochgebuckelt und nach allen Richtungen geschleimt. Warum? Bloß, damit ich jetzt stellvertretender Direktor bin? Was wäre gewesen, wenn ich damals, vor über dreißig Jahren nicht auf diesem Weinfest in Prien gewesen wäre, sondern…irgendwo anders?

Wir hatten vier Wochen Urlaub damals, und ich bin mit der Bahn von Bremen nach Rosenheim gefahren, um meine Mutter und meine alten Kumpel zu besuchen. Aus einer Laune heraus bin ich dann mit drei anderen in einem uralten VW-Käfer nach Prien gefahren. Zu ebendiesem Weinfest. Tja, und da war sie. Rank und schlank, hübsch, und mit einem Lachen, das man über den halben Platz gehört hat. Mein Schiff ist ohne mich ausgelaufen und mit ihm der Traum der grenzenlosen Freiheit. Den habe ich auf einem Weinfest in Prien gegen einen anderen Traum in Breitbrunn eingetauscht.

Frau Meier erhöht die Lautstärke und spricht jetzt nicht mehr in ihre Handtasche, sondern direkt zu ihrem Mann:„Das ist so eine blöde Kuh, die Weberin, die geht mir dermaßen auf den Zwirn", sagt sie und wischt mit einem Papiertaschentuch über die von innen beschlagene Frontscheibe, „hast du das mitgekriegt, das mit den Katzen?"

„Nein", sagt der Meier Alfons und denkt sich, wenn die Weber Sabine im Bett genauso kreischt wie auf der Bühne, dann wär das schon mal einen Versuch wert. Jetzt muss man natürlich erklären, dass die beiden Meiers von einer Chorprobe der „Schalchener Schattenjodler" kommen und auf dem Weg nach Hause sind.

Immer am Dienstag, so ab zwanzig Uhr, da wird gesungen, bis das Zäpfchen glüht. Im alten Tanzsaal beim Oberwirt in Schalchen. Drei Ehepaare und der alte Drehder-Bauer, das sind die „Schattenjodler". Es wird viel geredet, ein bisschen gesungen und natürlich kräftig getrunken.

Kurz hinter dem Dorfweiher geht es rechts ab, dann ein paar hundert Meter die Straße hoch, und da steht das Haus der Meiers. Das Haus der Frau Meier, geborene Simmer, sollte man genau genommen sagen. Denn die hat es geerbt. Das alte Simmer-Haus, das steht da schon seit fast zweihundert Jahren. In einer wunderschönen Alleinlage mit einem gigantischen Blick auf die Alpenkette.

Meier steuert in die Hofeinfahrt auf das Haus zu, und seine Frau redet unentwegt weiter. Über die Weberin und ihre blöden Sprüche.

„Hast du den Fernseher nicht ausgeschaltet?", unterbricht er sie und starrt über das Lenkrad gebeugt zum alten Bauernhof hinüber. Hinter den Fenstern des Wohnzimmers zucken blaue Lichtblitze matt durch die Gardinen.

„Ich hab' nicht ferngesehen. Du hast noch Sportschau geguckt. Ich war im Badezimmer", sagt Frau Meier, und der Alfons denkt sich, ja klar, da warst du, wo auch sonst.

„Das ist ja wieder mal typisch. Der Herr schaut Fußball, während ich mich bemühe, einigermaßen zivilisiert auszusehen, und dann vergisst er auch noch, die Glotze auszuschalten. Und wer ist es dann wieder gewesen? Ich. Logisch. Wie immer. Weißt du was? An deinem fünfzigsten Geburtstag, da hast du mir versprochen, mit dem Biertrinken aufzuhören. Das war vor drei Jahren. Erinnerst du dich? Ja? Und jetzt? Schau dich nur an. Sechs Halbe in drei Stunden. Du bist betrunken, jawohl, das bist du."

Schon klar, denkt sich der Meier. Aber ich bin morgen früh wieder nüchtern. Und wieder in der Bank. Und abends wieder im Wohnzimmer vor dem Fernseher. Und um zehn wieder im Bett. Wie viele Männer sagen jedes Jahr zu ihrer Frau, 'Du Schatz, ich geh' nur mal eben Zigaretten holen?' Und lösen sich dann in Rauch auf? Alleine hier in Deutschland? Hundert? Tausend? Noch mehr? In Gedanken summt er ein paar Takte von dem Udo-Jürgens-Hit „Ich war noch niemals in New York", und denkt sich, ich schon. Zehn oder zwölf Mal, und zweimal sogar mit dir. Aber damals, da waren unsere Nächte bunter als unsere Tage.

Das sagt er aber nicht, sondern: „Ja gut, vielleicht habe ich vergessen, die Kiste auszuschalten. Klar, muss ja wohl so sein. Einbrecher sind das da drinnen bestimmt nicht. So ein Einbrecher, der setzt sich nicht vor den Fernseher. Nicht bei dem miesen Programm."

„Vielleicht wartet der, bis der Regen aufhört, der Einbrecher? Vielleicht ist der wasserscheu?" Frau Meier schaut durch die schnell wieder beschlagene

Frontscheibe: „Mach was, Alfons. Sitz nicht so blöd rum."

„Gut", sagt Meier und reicht seiner Frau das Handy, „ich geh' jetzt da rein. Und wenn ich in einer halben Minute nicht am Fenster stehe und winke, dann rufst du die Polizei, ok? Nein warte, wir machen das so: den Motor lässt du laufen. Setz dich auf meine Seite rüber. Und wenn du mich nicht gleich am Fenster siehst, dann fährst du vom Hof. Und gleich hinter der Kurve bleibst du stehen und rufst die Bullerei, ja?"

Frau Meier öffnet den Mund und holt tief Luft, aber der Alfons ist schon aus dem Wagen raus und trabt durch den Nieselregen auf das Haus zu. Die Haustüre ist verschlossen, an den beiden dunklen kleinen Fenstern rechts und links sind keine Einbruchsspuren zu sehen.

Meier öffnet leise die alte Haustüre und geht durch die dunkle Diele zur großen Doppel-Glastüre zum Wohnzimmer. Tatsächlich, der Fernseher ist an. Meier stößt erleichtert die Luft aus, tritt ins Wohnzimmer und erstarrt: auf dem riesigen braunen Ledersofa kauert eine Gestalt. Ein Mann, groß, so um die eins-achtzig vielleicht, in schwarzen Klamotten und mit irgendwas auf dem Rücken. Einem Rucksack? Meier nimmt das alles wahr wie im Zeitraffer. Gebannt schaut der Einbrecher auf den flackernden 60-Zoll- Flachbildschirm, der in die gegenüberliegende Wand eingebaut ist.

Dort, im Fernseher, ist ein Kerl um die zwanzig zu sehen, der in gelben Hosen, die ihm fast über den Hintern rutschen und in einem weiten schwarzen Sweater mit Kapuze über eine grell erleuchtete Bühne hüpft. Der Ton ist ziemlich leise, und Meier legt den Kopf schräg, dann hört er den hopsenden Knaben. Er singt, nein, er spricht in einem merkwürdigen Rhythmus „God is a DJ. Yo, man, a fuckin' DJ".

Die Gestalt auf dem Sofa nickt im Takt der stampfenden Basstrommel mit dem Kopf, schiebt sich dabei irgendwas in den Mund und kaut krachend darauf herum. Kartoffelchips. Der Eindringling hält eine Tüte von Meiers Lieblings- Kartoffelchips in der linken Hand und schiebt sich mit der Rechten die knusprigen Stücke in den Mund. Neben ihm, auf einem der kleinen runden Ellen-Gray-Glastische steht eine geöffnete Flasche Rotwein. Die ist halbleer, wie Meier im Bruchteil einer Sekunde wahrnimmt, und in dem Weinglas neben der Flasche ist nur noch ein roter Rest zu sehen.

„Die Polizei ist unterwegs", schreit Meier und die schwarzgekleidete Gestalt auf dem Sofa verschluckt sich, spuckt einige halbzerkaute Kartoffelchips auf den Glastisch, starrt Meier an und sagt etwas, das klingt wie: „sacra merda" (was lateinisch ist und auf gut deutsch „heilige Kacke" heißt).

Dann löst sich der Kerl auf dem Sofa buchstäblich in Nichts auf und ist weg. Verschwunden.

Meier wischt sich mit der Hand über die Augen und schaut auf das Sofa. Leer. Die Tüte mit den

Chips liegt auf dem Boden. Der Typ ist weg, hat sich in Luft aufgelöst. Futsch.

Meier marschiert wie in Trance zum Fenster und winkt auf den Hof hinaus. Dann geht er zum Sofa, auf dem die Fernbedienung liegt, und schaltet den Fernseher aus. Unten, neben der Sitzecke ist der Schalter für die indirekte Raumbeleuchtung. Meier tritt geistesabwesend drauf, und der etwa 120 m2 große Raum ist in diffuses, indirektes Licht getaucht.

Eine halbe Minute später ist seine Frau im Zimmer, schaut auf die halbleere Rotweinflasche und die Tüte mit den Kartoffelchips und sagt kopfschüttelnd: „Das wird ja immer schlimmer mit dir und deiner Sauferei. Jetzt trinkst du schon heimlich zuhause, was? Musst du jetzt schon vorglühen, bevor wir weggehen, ja? Reichen dir die fünf oder sechs Bier beim Wirt nicht mehr? Hallo? Ich rede mit dir? Kannst du dir vorstellen, wie du mich erschreckt hast?"

Aber Meier ist sprachlos und starrt immer noch auf den dunklen Hof hinaus.

„Ja gut, wenn der Herr nicht mit mir reden will, dann gehe ich jetzt ins Bett. Schämen solltest du dich. Was ist nur aus dir geworden? Tu' mir bitte einen Gefallen, ja? Schlaf" heute hier unten im Gästezimmer. Und über das hier," damit wischt Frau Meier theatralisch mit einem Arm vor ihrer Brust hin und her, „über das hier reden wir morgen früh. Hätte ich doch nur auf meine Mutter gehört, damals, vor der Hochzeit. Schlaf gut. Und trink ruhig noch einen Schluck, wenn du meinst, dass das sein muss. Wo der Wein ist, das weißt du ja. Gute Nacht."

Kopfschüttelnd geht die Frau aus dem Zimmer und murmelt immer noch vor sich hin. Meier hört, wie sie jammernd und seufzend die Treppe hochsteigt, dann schlägt eine Tür im ersten Stock, und ein Schlüssel wird lautstark im Schloss umgedreht.

Meier geht in den hinteren Teil der gewölbeartigen Wohnhalle zur offenen Küche. Wie in Trance umrundet er die Theke und öffnet den Weinkühlschrank neben dem wandhohen Gefrierschrank mit dem eingebauten Eis-Spender. Er nimmt eine Flasche Tavel-Rosé', aus der er gestern schon ein Glas getrunken hatte und nimmt einen heftigen Schluck direkt aus der Flasche. Und gleich noch einen, mit geschlossenen Augen.

Dann hört er ein eigenartiges Rauschen und setzt die Flasche ab. Ruckartig reißt er die Augen auf und starrt auf die sechs oder sieben Meter entfernte Ledercouch. Da ist er wieder. Im Halbdunkel steht der Kerl hinter dem Sofa und schaut den Meier vorwurfsvoll an. „Mann Gottes, hast du mich erschreckt", sagt er und schüttelt sich wie ein riesiger Vogel, „erst lässt du mich stundenlang warten, und dann das. Also ehrlich. Aber schön, dass du endlich da bist. Fangen wir an, ich hab' noch einen weiten Weg vor mir."

„Was?" Meier nimmt noch einen Schluck und ist unfähig, sich zu bewegen.

Der schwarze Riese mit dem eigenartigen Ding auf dem Rücken nestelt in seinem Umhang herum, und zieht einen Zettel hervor: „Hamberger Korbinian, Seiserstraße 6, der bist du doch, oder?"

„Was? Nein. Gestatten: Meier. Der alte Hamberger, der wohnt da die Straße rauf. Hinter dem Wald. Ungefähr einen Kilometer in der Richtung." Damit deutet der Meier mit der linken Hand hinter sich.

„Ehrlich jetzt? Ne, oder?" Die schwarze Gestalt kommt um das Sofa herum und Meier sieht, dass der Mann halblange, blonde Haare hat, tatsächlich so um die eins-achtzig ist und aussieht wie dieser amerikanische Schauspieler, dieser Owen Wilson. Und das auf seinem Rücken, das ist kein Rucksack, sondern das sieht aus wie ein paar Flügel, die ihm von den Schultern bis über die Hüften reichen. Schwarze Flügel, die direkt aus seinem langen schwarzen Umhang kommen. Unfassbar.

Das gibt's doch nicht in echt, denkt sich der Meier und nimmt noch einen Schluck. Dann stellt er die Weinflasche auf der Granit-Arbeitsplatte des Küchenblocks ab und schlüpft aus seiner grauen Trachtenjacke.

„Na ja, wie einer mit 77 Jahren auf dem Buckel siehst du ja nun wirklich nicht aus," sagt der Schwarze und steckt den Zettel wieder weg, „außerdem ist der Hamberger ein Junggeselle. Und das, was da gerade die Treppe hochgerauscht ist, das ist offensichtlich deine Frau. Dumm gelaufen, wie?"

Die Gestalt nimmt auf dem Ledersofa Platz und fasst mit beiden Händen nach hinten, um sich die Flügel bequem zu legen: „Hast du noch was von dem

Rotwein? Ja? Dann bring welchen mit und setz' dich her zu mir. Wir haben was zu reden, du und ich."

Meier fasst unter den Küchenblock und zieht eine Flasche Pinot Noir aus dem Gittergestell. Während er nach dem Korkenzieher sucht, sagt der Geflügelte: „Dieser Wein hier ist natürlich schon einen Zacken besser als der bei uns oben. Na ja, ist ja auch zu verstehen. Unseren himmlischen Tropfen, den stellt der Sohn vom Chef in Massenproduktion her. Das war ja auch einer seiner größten Tricks, damals, vor gut zweitausend Jahren. Aber den Gag hat er immer noch gut drauf. Den mit Wasser zu Wein, meine ich. Allerdings ist der Wein bei uns im Himmel oben mehr, wie soll ich sagen? Immateriell? Also, mehr symbolisch, verstehst du? Weil da oben bei uns, auf den Wolken, da kannst du ja keine Fässer hinstellen. Die knallen ja durch bis ins Erdinnere. Aber es geht ja auch mehr um die Show. Genau wie das mit dem Brot. Der Speisung der Fünftausend. Kennst du doch, oder? Ein Brot und zwei Fische. Mehr hatte der Junior-Chef damals nicht zur Hand. Und hat aber vorher groß versprochen, alle, die kommen, auch so richtig abzufüttern. Jetzt muss man sich vorstellen, zur Abendvorstellung, da waren dann wie gesagt über fünftausend Leute da. Und es hat geklappt. Die haben alle gegessen. Da ist doch euer David Copperfield ein echt armer Willi dagegen, oder? Das waren noch richtige handgemachte Wunder damals, sowas gibt es heutzutage gar nicht mehr. Jetzt sag' doch auch mal was."

Der hier, das ist ein lupenreiner Irrer, denkt sich der Meier, den darf ich jetzt nicht reizen. Solche Leute muss man bei Laune halten, sonst rasten die aus. Also sagt er: „Klar. Obwohl, sowas ähnliches kann ich auch. Ich kann Wein über Nacht wieder in Wasser zurückverwandeln. Mit ungefähr zwei Flaschen klappt das ganz locker. Bei mehr kriege ich Kopfschmerzen. Aber jetzt mal im Ernst: Wer bist du eigentlich? Und was machst du hier?"

Der Blonde nimmt Meier die Weinflasche aus der Hand und schaut auf das Etikett. Dann nickt er mit Kennermiene und schenkt sich ein. Zu Meier sagt er: „Wie schaut's aus mit Chips? Sind noch Chips da? Aber keine mit Chili. Ich hab' eine Chili-Allergie. Da gehen mir die Federn aus, bei Chili."

Meier nickt und geht zurück in die Küche. Der Kerl auf dem Sofa spricht weiter: „Ich bin der Jophiel. Du kannst aber ruhig Jopie zu mir sagen. Hey, das kommt dir jetzt bestimmt ein bisschen komisch vor, das Ganze. Glaubst du an Engel?"

„Eher weniger", sagt der Meier und reißt eine Tüte mit Paprika-Chips auf und geht damit zurück zum Sofa.

„Na ja", sagt der Engel und fährt sich mit dem Zeigefinger zwischen seinen Hals und den schwarzen Stehkragen. Dann dreht er den Kopf nach rechts und meint, „Ein bisschen dran glauben muss man schon. Sonst funktioniert das alles nicht. Dem Hamberger, dem haben wir am Sonntag in der Frühmesse eine klare Botschaft geschickt. Der Engel des Herrn erscheine ihm, hat der Pfarrer gesagt, und den alten Knaben dabei voll angestarrt und ihm sogar noch zugeblinzelt. Und der alte Hamberger, der war an seinem Stammplatz in der dritten Reihe rechts vor dem Altar. Links ist nämlich die Frauenseite, und rechts, da sitzen die Männer. Ordnung muss sein, auch beim Gebet. Eingeschlafen ist der Hamberger beim Ave Maria. Deswegen glauben wir, der müsste das mit dem Tipp schon kapiert haben. So machen wir das meistens. Oder eben mit einer Erscheinung. Je nach dem. Obwohl, bei Erscheinungen in der Öffentlichkeit, da machen die hier unten immer gleich ein Wunder draus. Dann gibt es flugs eine neue Wallfahrts-Stätte, und die eigentliche Botschaft, die geht flöten. Möchtest du auch noch was von dem Wein? Viel ist aber nicht mehr drin."

Damit schwenkt der blonde Kerl die Flasche in Gesichtshöhe, aber Meier sagt: „Danke, ich habe meinen Rose' hier drüben stehen. Ich hole ihn, warte."

Meier steht auf, greift sich den Rose' und geht wieder zum Sofa. Beim Hinsetzen meint er: „Was willst du denn vom Hamberger?"

„Wollen? Ich? Gar nichts. Der wollte was von uns. Gib' mal die Chips rüber. Danke. Nein, es ist so: Die Frau von dem, die ist ja schon lange tot, aber das weißt du bestimmt. Im Lauf der letzten Jahre sind dem Hamberger dann so langsam auch noch die Freunde rundherum weggestorben, und jetzt sitzt er ganz alleine in seinem Haus. Er langweilt sich und will deswegen eigentlich auch lieber sterben. Aber er ist noch nicht dran. Deswegen muss ich ihn ein bisschen aufmuntern. Damit er uns hier unten noch ein paar Jahre bei der Stange bleibt. Verstehst du das?"

„Nein. Du willst mir klarmachen, dass du ein Engel bist, mit deinen Flügeln da am Rücken, ja?"

„Ja logisch. Was denn sonst? Ein heiliges Hendl vielleicht? Gut, pass auf. Ich Erklär' dir das jetzt mal langsam zum Mitschreiben: es ist so, dass wir eigentlich immer da sind. Ihr seht uns nur nicht. Wir sind da, aber auch nicht da. Verstehst du das bis hierher?"

„Nein."

Jopie seufzt und nimmt einen kräftigen Schluck Wein. Dann sagt er: „Wir sind in einer Zwischenwelt. Wie hinter einem Vorhang." Jetzt nickt der blonde Engel und sagt: „Genau, der Vergleich gefällt mir jetzt selber, wow. Also, hinter dem Vorhang. Da sind wir. Viele von uns. So musst du das sehen. Und jeder von uns Engeln ist für ein paar von euch hier unten verantwortlich. Zu meiner Kundschaft gehört unter anderem der alte Hamberger. Dem muss ich jetzt erscheinen und den alten Knochen ein bisschen motivieren, damit er den Löffel noch nicht abgibt. Der hat hier unten noch was zu tun, und das muss er tun, ob er will oder nicht. Ist das soweit klar und bei dir angekommen, hmh?"

„Warum?" fragt der Meier und schenkt sich auch noch einen kräftigen Schluck ins Glas.

„Weil", sagt Jopie, „weil, ja, wie soll ich das jetzt erklären, dass du das kapierst? Pass auf, es gibt sowas ähnliches wie ein Buch, da steht ihr alle drin. Und da steht auch, wann ihr von hier wieder abtreten könnt. Und vorher verkrümeln, das läuft nicht. Weil ein jeder von euch seine Lebensaufgaben hat, und die muss er abliefern. Jetzt stell dir bloß mal vor, ein jeder kommt und geht wie er will, das geht doch nicht. Da kommt ja das ganze Universum durcheinander. Die gesamte göttliche Ordnung, die wär' dann für die Katz. Soweit ok? Noch Fragen?"

Jopie beugt sich über den Glastisch, schnappt sich eine Handvoll von den Chips aus der Tüte und steckt sie sich in den Mund. Dann kaut er geräuschvoll darauf herum und sieht den Meier dabei erwartungsvoll an.

„Ja", sagt der, und weiter: „Warum läuft der Fernseher, wenn ich heimkomme, warum trinkst du meinen Wein, und warum schmecken dir meine Chips? Du bist doch ein Engel, also, ich meine, das ist doch alles nicht ganz normal für einen wie dich, oder?"

„Waf?" Jopie hat immer noch Chips im Mund und spricht deswegen etwas undeutlich, „Waf meinft du ? Haft du fonft keine Fragen?" Er schluckt und fährt sich wieder mit dem Zeigefinger der linken Hand zwischen Hals und Stehkragen.

„Jetzt hör mit dem nervösen Gefingere auf", sagt der Meier, „ist das ein Tick von dir?"

„Nein", sagt Jopie, „aber jetzt mal der Reihe nach. Den Fernseher, den hab' ich nicht eingeschaltet. Ich hab' mich im dunklen Zimmer zum Sofa durchgetastet und mich dann hingesetzt. Genau auf dieses Dings da." Damit nimmt er die Fernbedienung vom

Glastisch und hält sie mit zwei Fingern hoch. „Damit habe ich wohl den Fernseher aktiviert. Ich war ja in den Siebzigern schon mal hier unten, da gab's aber sowas noch nicht. Da musste man noch richtig zum Gerät hingehen. Und was den Wein und die Chips anbelangt: im Einsatz habe ich einen richtigen Körper, sonst würdest du mich ja nicht sehen, oder? Also kann ich da auch Wein trinken und was essen. Allerdings nur eine begrenzte Menge. Aber das hat andere Gründe."

„Was für andere Gründe?" ,fragt Meier.

„Mein Gott", seufzt der Jopie, „dir muss man wirklich alles farbig aufzeichnen, oder? Ich kann nicht auf's Klo, Mann. Kapiert? Oder kannst du dir einen Engel auf der Schüssel vorstellen? Also, ich nicht. Deswegen haben wir eine begrenzte Aufnahmefähigkeit, weil, wenn der Einsatz vorbei ist, verschwinden wir wieder hinter dem Vorhang, und der Körper entmaterialisiert sich. Einfach so. Flutsch und weg. Dann habe ich auch meine weiße Toga wieder an. Großer Gott, dieser schwarze Fummel hier bringt mich noch um. Aber unser neuer Chefdesigner steht irgendwie auf den Karl Lagerfeld, da kannst du als einfacher Flattermann nichts machen. Prost."

Jopie nimmt einen Schluck und sagt dann: „Das mit dem Kragen hier, das treibt mich noch in den Wahnsinn. Ich hasse diese Black-Power- Uniformen. Die weißen Kutten, die haben keinen Kragen und sitzen ganz locker. Aber das neue Zeugs hier, das klemmt und zwickt. Was soll's, ich muss den schwarzen Kaftan hier noch ungefähr eine Trigade anziehen, dann darf ich wieder ganz in Weiß in der Gegend rumflattern."

„Eine Trigade, was?", sagt der Meier und denkt sich, der spinnt total, der Kerl.

„Ach so, ja, damit kannst du wahrscheinlich nichts anfangen. Das ist unsere Zeitrechnung. Pass auf. Eine Trigade, das sind so ungefähr, warte mal, ja, genau, das sind so an die 900 Jahre. Also, ungefähr jedenfalls, meine ich. Zufrieden?"

„Nein", sagt der Meier, „was ist denn vor einer Trigade passiert? Bist du da degradiert worden oder was?"

„Kann man so sagen. Gib mal den Wein rüber. Danke. Also, vor ungefähr 840 Jahren, so um 1175 rum, da war ich mit ein paar Kumpel auf dem Heimflug. Wir waren zu viert, ein eingespieltes Motivations-Team, lauter Profis. Unser Kunde war ein Italiener, ein Fürst aus der Gegend von Pisa, der sich mit dem damaligen Papst angelegt hat. Das war ... warte mal ... genau ... Alexander der Dritte. Der Papst meine ich. Der hat sich beim Chef über den Fürsten beschwert. Und der Chef, der hat uns losgeschickt. Wir waren das A-Team, damals. Das himmlische SEK. Klingt gut, was? Das kenne ich auch aus dem Fernsehen. Egal. Den alten Fürsten haben wir in einer langen Nacht wieder auf Kurs gebracht. Dummerweise war viel Wein im Spiel. Und beim Heimflug, da ist es dann passiert. Ich könnt' mich heute noch in meinen astralen Hintern beißen, wenn ich nur dran denke."

„Hier", sagt der Meier, „nimm noch einen Schluck. Und dann?"

„Danke, der Wein ist wirklich gut. Hast du ein bisschen Käse?"

„Gleich. Erzähl' erst weiter."

Jopie unterdrückt einen Rülpser, fährt sich wiedermal mit dem Zeigefinger zwischen Hals und Stehkragen und sagt: „Ja und dann, dann sind wir ein bisschen übermütig in der Gegend rumgeflattert. Formationsflug auf dem Rücken und so. Das war ein Riesenspaß. Ich habe die Staffel angeführt. Dabei habe ich den blöden Turm übersehen. Der war ja noch im Rohbau, der war in unseren Informationen gar nicht vorhanden. Die haben gerade das dritte Stockwerk fertig gemauert, und ich bin voll dagegen gebrummt. Mann, da sind die Federn geflogen, das kann ich dir sagen. Na ja, das Türmchen, das habe ich dann um flotte vier Grad nach Südosten verschoben. So steht der noch heute. Gib mal die Chips rüber. Danke."

„Du meinst doch nicht etwa den schiefen Turm von Pisa, oder?" Meier starrt den Flügelmann an, der sich jetzt wieder Chips in den Mund schaufelt.

„Kennst du noch einen anderen schiefen Turm da in der Gegend, du Schlaumeier?" Jopie schluckt runter und sagt: „Die Pisaner oder wie die heißen, die waren ziemlich angefressen. Dann haben die aus einer Trotzreaktion heraus erst mal einhundert Jahre lang nicht weitergebaut. Und dann haben die einfach in der Schieflage weitergemauert. Unser himmlischer

Chef, der war gleich nach dem Unfall sowas von not amused, weil er gemeint hat, das ist genau die PR, die wir nicht brauchen. Also sind wir degradiert worden. Ich hab' die meisten Punkte bekommen, weil ich vorneweg geflogen bin. Gut, im himmlischen Bericht stand dann: aus ungeklärter Ursache von der Flugbahn abgekommen. Aber bei uns oben, da hat jeder gewusst, dass ich besoffen war und Bockmist gebaut habe. Seitdem haben die in der Personalabteilung ein Punkte-System, so ähnlich wie ihr hier bei euch in Flensburg. Der Gag ist ja, dass von den Erdlingen damals natürlich keiner was mitbekommen hat. Dass wir das waren, meine ich. Die offizielle Version ist immer noch die, dass der Untergrund, also der ganze Morast und der Sand da unter dem Turm, dass das die Ursache war. Jetzt guckst du, was?"

Jopie trinkt, rülpst dann doch ein bisschen und sagt: „So, und jetzt bin ich hier und muss mich mit Leuten wie dem alten Hamberger rumschlagen. Und lande dann auch noch wegen dem Mistwetter und dem Nebel im falschen Haus. Mann, wenn das rauskommt, dann krieg ich noch mal eine Trigade in diesem komischen Transvestiten-Fummel verordnet. Was ist jetzt mit dem Käse?"

„Ja, gleich", sagt der Meier, „vielleicht solltest du jetzt ein bisschen weniger trinken, du musst ja noch zum Hamberger rüberfliegen, oder?"

„Was, jetzt? Nein, das kannst du knicken", meint Jopie, „jetzt ist schon nach Mitternacht. Und wenn ich in der Geisterstunde in dem schwarzen Aufzug bei dem am Bett sitze, dann meint der, ich bin einer von denen da unten." Jopie deutet auf den Fußboden zwischen seinen Beinen und verzieht das Gesicht: „Oder, noch schlimmer, der alte Knabe denkt, ich bin der himmlische Todesengel. Und ich will ihn holen. Da wartet der doch bloß drauf. Und wenn ich ihm sage, was Sache ist, dann trifft den vor lauter Enttäuschung am Ende noch der Schlag, und ich hab's wieder verbockt. Nein, ich bleibe jetzt noch ein bisschen hier. So um halb Zwei rum, da kann ich bei dem auftauchen. Da wird der sowieso immer wach, wegen seiner schwachen Blase."

„Ja, aber du sollst doch bloß mit dem Hamberger reden, oder?"

„Klaro", sagt Jopie, „aber das muss sitzen. Der Auftritt. Die Körpersprache. Jeder Spruch. Der ganze Gesprächsaufbau und so. Gefallene Worte kann man nicht wieder aufheben. Worte sind zwar nur Laute in der Luft, aber aus der Luft wird Wind, und Wind bewegt selbst die größten Segelschiffe. Deswegen muss bei einem Motivationsgespräch alles passen, sogar der Zeitpunkt. Mann, hol' jetzt endlich den Käse. Ich bin schon seit heute früh unterwegs."

Maier geht hinter die Theke und holt die Käse-Glocke aus dem Kühlschrank. Währenddessen nestelt der Jopie in seinem Umhang herum und zieht ein merkwürdiges Gerät aus den Brustfalten des schwarzen Gewands.

Das Ding sieht aus wie eine abgerundete kleine Harfe, ist vielleicht um die vierzig Zentimeter hoch, mit sieben Saiten bespannt und glänzt golden.

„Ich schau mal, ob ich eine Botschaft absetzen kann. Die da oben wundern sich vielleicht, dass ich noch nicht beim Hamberger war," sagt Jopie, hält das Instrument in der linken Armbeuge und zupft mit den Fingern der rechten Hand darauf herum. Dann legt er den Kopf schief und scheint auf eine innere Stimme zu lauschen.

„Ich komm nicht durch. Kein Netz. Wahrscheinlich wegen dem Wetter, oder?"

„Vielleicht ist hier ein himmlisches Funkloch oder sowas", sagt Meier und legt geschnittenen Appenzeller neben den Camembert und den Limburger auf einen Teller. Dann geht er mit dem Käse zur Sitzecke zurück und stellt die Platte vor dem Jopie auf den Glastisch. Der zupft derweilen ein paar Takte von „Smoke on the water" auf seiner Lyra und sagt: „Hör mal, der Song hier, der war unheimlich in bei meinem letzten Erdenbesuch. Kennst du den?"

„Klar", meint Meier, „sag mal, hat ein jeder von euch so ein Ding?"

„Eine Lyra? Ja klar." Jopie hält dem Meier das Instrument hin und sagt: „Das hier, das ist sogar eine von den ganz alten. Wir haben die ja so um, warte mal, ich muss in deiner Zeitrechnung denken, ja, genau, so um 900 vor dem Besuch des Juniorchefs hier unten bei euch bekommen. Erfunden haben's die alten Griechen. Der olle Hermes, glaube ich, der hat sie für seinen Götterbruder Apollon gemacht. Aber ein paar schlaue Köpfe bei uns oben haben gleich gesehen, das Ding hat Zukunft. Besser gut geklaut als schlecht erfunden. Also haben wir den Zupfkasten übernommen, ein bisschen modifiziert und schon flutscht es. Hier, willst du auch mal?"

„Nein danke", sagt der Meier und denkt, vielleicht ist der Kerl ja doch echt. Dann wär' das natürlich ein Hammer. Ich kann den ja mal antesten. Also schenkt er Wein in die beiden Gläser, reicht dem schwarzen Engel sein Rotweinglas und sagt: „Hier, Prost. Sag mal, wo du schon einmal da bist, könntest du mir doch eigentlich was über mich erzählen, oder? Ich meine, steht da was von mir in den Büchern bei euch da oben? Liegt da irgendwann mal was an?"

Jopie trinkt, nimmt sich dann ein Stück Appenzeller und kaut nachdenklich. Dann schüttelt er den Kopf und sagt, noch mit Käse im Mund: „Für dich ist eine andere Abteilung zuständig. Ich hab' da auch keine Akteneinsicht oder so. Was ich mache, das sind die echten Notfälle, so wie der Hamberger. Ich muss Sachen verhindern, die nicht, oder anders rum, so noch nicht passieren dürfen. Das hab' ich dir doch vorhin erklärt, oder?"

„Aha. Und du hast heute schon einen Kundenbesuch hinter dir, wenn ich dich recht verstehe. War das auch so ein Selbstmord-Notfall?"

„Nein", sagt der Jopie, „das war ganz was anderes. Ich war bei einem Ehepaar in der Nähe von Rimsting. Aber ich kann dir das ruhig erzählen, wenn's dich interessiert. Weil, wenn ich dann gleich verschwinde, dann muss ich dich sowieso flashen. Das tut aber nicht weh, keine Angst."

Also doch ein Irrer, denkt sich der Meier und fragt: „Flashen? Was ist das denn?"

„Mann Gottes, das heißt bei uns im Fachjargon natürlich anders, aber ich hab' gedacht, den Begriff kennst du. Gehst du denn nie ins Kino? Man in Black? Die zwei Spezialagenten mit den coolen schwarzen Anzügen und den Sonnenbrillen? Die, die sich mit diesen Außerirdischen rumschlagen? Und der eine Agent, der hört dann auf mit dem Job und wird von seinem Partner geflasht? Nein? Also pass auf, der Gag beim flashen ist, dass die Erinnerung an alles, was mit dem „Man in Black"-Zeugs zu tun hat, für immer gelöscht wird. Zack, peng und weg. Damit er nichts ausplappern kann. Verstehst du? Ich hab den Film ja selber nicht gesehen. Aber ein Kumpel von mir, der Uriel, der hat den mitgekriegt und wochenlang von nichts anderem geredet. Das war vielleicht ein Ding bei uns oben, oh Mann, wenn ich da nur dran denke. Kannst du dir das vorstellen?"

„Nein. Aber wenn ich sowieso geflasht werde, wie du sagst, dann kannst du mir doch ein bisschen was über mich erzählen. Kannst du wenigstens Handlesen oder sowas?"

„Handlesen, was? Sind wir hier auf der Kirmes oder wie? Seh' ich aus wie die Frau ohne Unterleib? Nein, was ich vielleicht machen könnte, das wäre eine kurze Seelendiagnose. Einen Quick-Check. Das geht natürlich nur, wenn deine Seele einigermaßen sauber ist. Sowas tut auch nicht weh, ich müsste dir nur tief in die Augen schauen, denn von da aus sehe ich dann direkt in deine Seele. Gib' mir vorher noch einen Schluck Wein."

Jopie hält dem Meier sein Glas hin und legt die Lyra weg. „So, und jetzt rutsch' mal hierher, neben mich, dann sehe ich besser."

Meier rückt zu dem Engel auf, und Jopie bringt sein Gesicht nahe an das von Meier und sagt: „Augen ganz weit aufmachen. Ja, so is gut. Normal weiteratmen. Und jetzt auf mein linkes Auge schauen, gut so, jetzt auf das rechte, und jetzt nach oben schauen, zur Decke. Ja, perfekt. Das machst du super. Jetzt tief einatmen und den Atem anhalten... Gut so."

Nach einer halben Minute sagt der Engel: „Mann, du hast ja eine ganz rote Birne. Atme weiter. Mhm. Ja sowas. Da schau her. So einer bist du also."

„Was für einer bin ich? Was siehst du denn?"

„Na ja, besonders gläubig bist du ja nicht. Ist aber auch kein Wunder, bei dem, was du schon alles erlebt hast, in deinen jungen Jahren. Mein lieber Scholli. Da hast du aber nichts ausgelassen. Das hat deine Seele ganz schön verbeult. Die sieht aus wie nach einem kräftigen Hagelschauer. Na ja, sowas bleibt, und jetzt bist du manchmal sehr unzufrieden und fragst dich, was wäre, wenn damals einiges anders gelaufen wäre. Wo stünde ich dann heute? Was wäre dann aus mir geworden? Ist das, was ich hier mache, richtig?" Jopie nimmt einen Schluck aus seinem Weinglas und sagt: „Passt das soweit?"

„Ja, kommt schon hin", sagt der Meier, „und was meinst du, was soll ich machen?"

„Keine Ahnung. Mach doch einfach so weiter. Denn … was wäre wenn …, das ist die Frage, die sich wohl irgendwann ein jeder stellt, denke ich. Aber das ist überflüssig. Denn dein Leben und das der anderen, das ist nun mal so gelaufen, wie es gelaufen ist. Man hat keine Rücktrittsmöglichkeit, und im nachhinein ändern kann man auch nichts. Euer Goethe hat mal gesagt: Das Erste steht dir frei, dem Zweiten bist du Knecht. Oder so ähnlich. Damit hat er gemeint, erst denken, dann machen. Wenn's schiefgeht, dann fällt das in die Abteilung -shit happens-. Sowas passiert sogar mir. Ich hab's dir doch groß und breit erklärt. Also, kapier' endlich: Dein Lebensweg, der steht fest, vom Anfang bis zum Ende. Und wenn wirklich mal einer strauchelt, dann sind wir da. Denn wir wissen, was für den im Buch steht. Aber ein bisschen dran glauben muss man schon. Sonst funktioniert das nicht. Wir sind sowas wie der himmlische ADAC. Bei denen glaubst du doch auch, dass die kommen, wenn du die anrufst, oder?"

Jopie nimmt einen weiteren Schluck und hält dem Meier das leere Rotweinglas hin: „Von dem vielen reden krieg' ich immer so einen trockenen Hals. Gib' mir noch einen Hieb, dann wird es langsam Zeit für mich."

Meier gießt Wein in das Glas und sagt: „Du meinst also, ich soll so weiterleben?"

„Was denn sonst? Schau doch mal: Du hast ein tolles Leben und eine liebe Frau. Die mag dich sogar. Glaub' ich jedenfalls. Und denk' mal hier in deinem tollen Haus, mit Blick auf den See, darüber nach, was wohl aus dir geworden wäre, wenn du dein Vagabundenleben von früher weitergeführt hättest. Ich denke, du hast es gut getroffen. Hol' mir noch ein kleines Stück von dem Käse da, dann mach' ich mich auf die Socken."

Meier nimmt den leeren Teller und geht in Richtung Küche. Da hört er hinter sich ein gezischtes „Psst, Alfons!" und dreht sich um. Plötzlich ist der große Wohnraum in ein grelles Blitzlicht getaucht, und Meier schließt geblendet die Augen.

Eine halbe Sekunde später reißt er sie wieder auf und wundert sich, dass auf dem Glastisch vor der braunen Sofa-Garnitur zwei Weingläser stehen. Eins, das schmale, hohe Glas, ist halb gefüllt mit Rosé, und das andere, ein großes, bauchiges Rotweinglas, ist erstaunlicherweise leer. Die Flasche daneben auch. Auf dem Sofa liegt eine zusammengeknüllte Kartoffelchips-Tüte. Meier geht zum Sofa und greift nach der Tüte. Da sieht er eine Feder. Eine ziemlich lange, schwarze Feder, die er keinem ihm bekannten Vogel zuordnen kann. Meier hält die Feder zwischen Daumen und Zeigefinger seiner linken Hand und überlegt, wie die wohl hierher auf sein Sofa kommt.

Da hört er von oben, aus dem ersten Stock die Stimme seiner Frau: „Jetzt komm' doch endlich ins Bett. Ich hab' das vorhin nicht so gemeint, das mit dem Gäste-Zimmer. Und das mit dem Fernseher und dem Glas Wein, das ist doch egal. Komm jetzt, es ist schon spät. Und du musst doch morgen in der Früh wieder raus."

Neulich, beim Klosterwirt

Schon wieder zu spät, denkt sich der Berger. Herrschafftszeiten noch einmal, schon der zweite Mittwoch, an dem ich zu spät zum Stammtisch komme. Das ist aber auch nicht mein Tag, heute.

Jetzt muss man natürlich wissen, dass den vier Kartenspielern, die sich jeden Mittwochabend um sieben am Stammtisch vom Klosterwirt treffen, genau dieser Tag heilig ist.

Mittwochs wird nämlich Karten gespielt. Bayrischer Schafkopf. Obwohl, wenn man das genau betrachtet, dann wird Schafkopf als Kartenspiel so um 1782 erstmalig im sächsischen Bußgeldkatalog namentlich erwähnt. Also weit weg von Bayern. Ist ja auch egal.

Der Berger nickt den Gästen links und rechts an den Tischen unter den historischen Gewölben zu und ist mit ein paar schnellen Schritten hinten am Stammtisch. Der steht gleich neben der braunen Schwingtür zur Küche, rechts neben dem grün gefliesten Kachelofen.

Und das ganze Wirtshaus, das steht auf der Fraueninsel, direkt am historischen Kloster. Warum? Weil 1928 die heilige Irmgard seliggesprochen wurde. Und weil die Wallfahrer außer ihrem tiefen Glauben auch noch immer einen beträchtlichen Durst mitgebracht haben wurde aus dem Wirtschaftsgebäude des Klosters der „Klosterwirt".

Die drei Männer am Tisch, die dem Berger jetzt sehr ungeduldig entgegensehen, das sind der Leibner Sepp, seines Zeichens Koch in der JVA in Bernau am Chiemsee. Dann der Singhammer Schorsch, ein pensionierter Kriminaler und der Posic, ein Rosenheimer Ex-Ganove in Rente, den der Singhammer Schorsch in seiner aktiven Kripo-Zeit geschätzte fünfzigmal verhaftet hat. Und da kommt man sich ja irgendwie persönlich näher, nicht wahr? Der Singhammer hat immer versucht, den Posic auf den rechten Weg zurückzubringen. Mit wenig Erfolg.

Aber das ist vergeben und vergessen. Der Singhammer ist längst in Pension und der Posic, der als Einbrecher eine sehr überschaubare Erfolgsbilanz hatte, war in den letzten Jahren als Heiratsschwindler umso erfolgreicher. Er hat dann nur den fundamentalen Fehler gemacht, auf eine Frau hereinzufallen, die ebenfalls in dem Metier tätig war. Zwei betrogene Heiratsschwindler, die aber jetzt beide im Ruhestand sind und zusammen eine erfüllte und glückliche Ehe führen.

Wie auch immer, heute ist Mittwoch, besagter Stammtisch beim Klosterwirt und der Leibner sagt: „Schon wieder spät dran. Heute zahlst du eine Runde, nur damit du das auch mal lernst."

Der Berger meint: „Es hat wieder mal Komplikationen gegeben. Zuhause."

„Komplikationen, was?", sagt der Singhammer, „Letztes Mal hast du gesagt, dass von der Fähre der Motor gestreikt hat. Vorletztes Mal bist du in Prien am Steg auf einer Weißwurst ausgerutscht und hast deswegen das Schiff verpasst. Willst du, dass wir das auch auf deinen Grabstein meißeln lassen: Hier liegt er nun. Es gab Komplikationen?"

„Nein", sagt der Berger, setzt sich an den Tisch und macht der Bedienung mit vier Fingern eine Runde Bier klar: „außerdem schreckt mich das Sterben in meinem Alter nicht. Wenn man jung ist und noch keine Angst hat, ist das Sterben leicht. Aber für mich, jetzt, in meinem Alter, da wäre der Tod jetzt eine echte Katastrophe. Für euch übrigens auch, weil euch dann einer fehlen würde zum Schafkopfen, oder?"

„Das Leben ist sowieso wie die Reise nach Jerusalem, dieses Spiel mit den Stühlen", meint der Posic, „Wenn du irgendwo zum Stehen kommst, dann ist dein Stuhl vom Schicksal schon anderweitig vergeben."

„Deiner schon", sagt der Singhammer, „du bist ja die meiste Zeit deines Lebens gesessen. Hinter schwedischen Gardinen. Und meistens hab' ich dich persönlich dorthin gebracht. Ah, da ist ja unsere frische Runde Bier. Her damit. Auf den Berger. Prost."

Singhammer trinkt schnell aus und nimmt sich ein volles Bierglas von dem Tablett der Kellnerin. Er schaut ihr dabei genau in den Ausschnitt ihres Dirndl-Kleides und sagt: „Könntest du bitte deine Brüste ersuchen, mir nicht so unverschämt in die Augen zu starren?"

„Schorsch, du alter Esel", meint die Fanny, „auch wenn am Gipfel schon Schnee liegt, dann kann im Tal immer noch ein Feuer brennen, was? Jetzt trink dein Bier und sei friedlich. Berger, die vier Striche gehen auf dich, oder?"

Der Berger nickt, und Leibner sagt: „Ich gebe, wer hebt ab?" Das will keiner, also gibt der Leibner jedem zweimal vier Karten. Im Uhrzeigersinn.

Die Männer ordnen ihr Blatt und der Posic meint: „Was für Komplikationen gab' s denn nun heute eigentlich? Du bist seit fünfunddreißig Jahren verheiratet, zumindest damit sollte es keine Probleme mehr geben, oder?"

„Na ja", meint der Berger und legt eine Karte auf den Tisch: „du weißt ja, wie das ist. Das Leben ist eine dumme Sau. Ich spiele."

„Bin dabei. Wenz", sagt der Leibner, der gegenüber vom Berger sitzt. Die vier Männer nehmen ihr Bier, prosten sich zu und spielen.

Eine Stunde und einige Biere später knallt der Singhammer Schorsch seine Karten auf den Tisch und sagt: „Berger, du spielst so einen unkonzentrierten Mist heute, dass ich gar nicht kapiere, dass der Sepp als dein Partner das so lange mitmacht. Ich hab' keine Böcke mehr. Bestell Bier. Und einen Schnaps. Und dann erzähl' uns freundlicherweise, was Sache ist. Sind wir jetzt Freunde oder ja? Einer für alle, und alle auf einen. Also rede mit uns!"

Der Berger hält mit der linken Hand sein leeres Bierglas in Richtung Theke hoch und macht mit der rechten die Vier. Dann mit Daumen und Zeigefinger das internationale Zeichen für vier Kurze.

Der Wirt nickt, und Berger seufzt tief und sagt: „Freunde, ich hab' ein echtes Problem. Die Sache ist die, dass meine Frau in zwei Wochen ihren Sechziger hat. Und da will sie, dass unsere beiden Töchter kommen, dass wir alle zusammen feiern."

„Ja und?", sagt der Leibner, „wir leben im Jahr 2014 des Herrn, es gibt mittlerweile Telefone. Die eine Tochter von dir, die lebt in Hamburg mit ihrem Mann, und die andere, die ist wo? Das hast du mir auch schon mal erzählt. Klar, die ist verheiratet mit dem Kerl aus Kapstadt, glaube ich. Ok, das ist in Südafrika. Also, ich meine, das ist auch nicht auf dem Mars. Die kann doch kommen, oder?"

„Ja, schon. Theoretisch jedenfalls. Die werden aber nicht kommen wollen, vermute ich.", meint der Berger.

„Warum nicht? Hast du die denn schon angerufen?", fragt der Posic.

„Nein", sagt Berger und dreht sein leeres Bierglas in den Händen, „die würden vielleicht kommen, wenn ich sie einlade. Also, die Flüge bezahle, die Leihwagen und so weiter, meine ich. Aber auch das ist nicht sicher, denn mein Schwiegersohn in Kapstadt, der mag mich nicht, und der hat seine Praxis und viel zu tun. Na ja, der würde mich auch nicht mögen, wenn er nicht viel zu tun hätte. Und der andere, der in Hamburg, mit dem komme ich auch nicht so recht klar. Außerdem kann ich mir im

Moment nicht leisten, so viel Geld auszugeben. Wir haben doch vor ein paar Monaten die neue Heizung bekommen, und im Frühjahr ist das Dach dran. Ich kann jetzt keine zehn oder fünfzehntausend Euro vom Konto nehmen."

„Und was sagt deine Frau?", sagt der Singhammer.

„Die? Die will nach so vielen Jahren mal wieder ihre gesamte Familie um sich haben. Auch wenn ich mit den Herren Schwiegersöhnen nicht warm werde. Das ist ihr jetzt egal. Das versteh' ich ja. Ich glaub' das ist jetzt fast zehn Jahre her, dass wir alle zusammen um den Tisch gesessen sind. Ich weiß es echt nicht, wie ich das jetzt machen soll. Aber ich muss was machen. Meiner Frau bricht sonst das Herz."

Die Bedienung stellt vier frischgezapfte Biere und vier Klare auf den Tisch und sagt: „Prost, meine Herren."

Damit nimmt sie das frische Bier vom Berger und genehmigt sich einen kräftigen Schluck. Die Fanny wird auch gern „das Glühwürmchen" genannt. Weil sie alkoholmäßig eine bestimmte Betriebstemperatur braucht. Sonst hält sie die ganzen Typen hier beim Klosterwirt nicht aus, sagt sie. Und weil der Chef es nicht so gerne sieht, wenn das Personal trinkt, nimmt sich die Fanny von den Stammgästen ab und zu einen guten Schluck. Die finden das ok, und die Fanny hat regelmäßig so gegen neun Uhr vorgeglüht und ist dann auf Brennstufe zwei.

„Was ist Berger, es kann doch nicht so schwer sein, mit deinen beiden Schwiegerknaben einen

Burgfrieden zu schließen, oder? Außerdem wäre jeder Vater froh, wenn seine Tochter einen so erfolgreichen Mann hätte wie Matti den Turban. Auch wenn er ein Inder ist. Warum heißt ein Inder, der in Südafrika wohnt, eigentlich Matti?" Fanny unterdrückt einen Rülpser und stellt dem Berger das Bierglas wieder auf den Tisch

„Weil", sagt der über die Schulter zur Fanny hin, „weil der Matti eigentlich Mahatma heißt. Aber meine Tochter und seine Privat-Patienten in Kapstadt, die nennen in Matti. Oder Doktor Matti. Das klingt hip, sagt meine Tochter. Und der Matti, das ist cin hipper Typ. Aber für mich ist er Matti, der Turban."

„Ist er das? Hip, meine ich", fragt die Fanny.

„Der ist so hip wie ein Stück Emmentaler Käse bei Vollmond. Und außerdem ist er ein elender Choleriker und Besserwisser. Der richtige Mahatma, der Gandhi, der war ja ein diplomierter Pazifist und der Erfinder des gewaltlosen Widerstands. Aber sogar der würde unserem Matti nach spätestens drei Minuten bedenkenlos und kalt lächelnd eine aufs Maul hauen."

Die Fanny macht lachend vier große und vier kleine Striche auf dem Bierdeckel vom Berger und geht zum nächsten Tisch, wo die Gäste schon nach ihr rufen.

Die vier Männer trinken sich zu und schweigen. Der Singhammer Schorsch trommelt mit den Fingern in der kleinen Bierpfütze neben seinem Glas.

Der Leibner hat den Kopf in die rechte Hand gestützt und dreht mit der linken sein Schnapsglas. Dann sagt er: „Aber mit dem anderen, mit dem Hausmeister in Hamburg, mit dem könntest du doch mal reden, oder?"

„Das heißt auch nicht mehr Hausmeister. Heutzutage nennt man diese Leute Facility Manager. Und seit die gechipt sind, kann man die sogar mit dem Handy fernsteuern."

„Was?", sagt der Leibner.

„Klar", meint der Berger, „der arbeitet doch in so einer Sonderschule, wo die Lehrer jeden Morgen vor dem Unterricht ihren Namen tanzen. Da ist er der einzige, der eine Schraube waagrecht in die Wand dübeln kann. Der Facility Manager eben. Die Schüler meinen sogar, er ist der Chef im Laden, weil er den größten Schlüsselbund hat. Und weil so einer in so einer großen Schule viel zu tun hat, chipt man die F M jetzt. So wie Dackel. Glaub ich jedenfalls. Dann kann man die orten und gleich über das Handy zum nächsten Einsatzort dirigieren. Und der Hausl, also, der FM, den unsere jüngere Tochter da von der Straße weg geheiratet hat, der mag mich, so wie man ein Furunkel zwischen den Hinterbacken mag."

„Warte, was hast du gerade gesagt? Fernsteuern. Das ist es. Steuern. Dirigieren und manipulieren. Du musst die dazu bringen, dass die freiwillig kommen. Das muss ihre Entscheidung sein, dann kommen die auch. Die Mädels hängen doch an ihrer Mutter, oder?", sagt der Posic plötzlich und haut mit der flachen Hand auf den Tisch: „Ja? Oder? Was? Das mein' ich doch. So, und jetzt lass' dir mal von einem alten Profi was sagen. Pass auf, du machst das so.."

Die vier Männer stecken die Köpfe zusammen und hören dem Posic, dem alten und erfahrenen Menschenfischer, zu. So ein Ex-Heiratsschwindler, der ist ja berufsbedingt ein halber Psychologe und weiß, wie man andere Leute dazu bringt, Dinge zu tun, die sie eigentlich gar nicht tun wollen.

„Und du meinst, dass das klappt?", fragt der Berger und trinkt den Rest von seinem Bier, „das ist doch so eine bescheuerte Sache, das glaubt mir doch von denen keiner."

„Es muss ja auch nur einer so richtig glauben", meint der Posic und sagt: „Wer von deinen beiden Töchtern hängt denn nun am meisten an deiner Frau?"

„Das ist die Große, die Frau vom Matti, warum?"

„Passt. Die rufst du jetzt an. Und du baust eine Drohkulisse auf. Ein potemkinsches Dorf, rein psycho-mäßig gesehen, meine ich jetzt. Verstehst du?"

„Nein", sagt der Berger und schaut vom Posic zum Leibner, der die Achseln zuckt und weiter zum Ex-Kripo-Kommissar Singhammer, der sich den Bierschaum von den Lippen wischt und sagt: „Hör dem Posic wenigstens zu, Berger. Von sowas, da versteht der echt was, davon hat er Ahnung. Für solche Sachen hat er schließlich fast zehn Jahre gesessen, gell, Posic? Dreimal hab' ich dich doch selber wegen deinen Psycho-Tricks verhaftet, oder?"

Posic winkt ab und redet weiter: „Schnee von gestern. Pass auf, Brenner, nehmen wir jetzt mal vorsichtshalber den worst case an, weil..“

Aber der Leibner, der bis jetzt ziemlich teilnahmslos in sein Schnapsglas gestarrt hat, der sagt jetzt:“ Wurscht? Welche Wurscht?“

„Keine Wurst, Mann, worst case. Das ist Englisch und bedeutet: schlimmster Fall, klar?“

„Ja, dann sag's doch auch so,“ meint der Leibner: „ich kann das englische Getue echt nicht mehr ab. Neulich war ich auf der Dings-Alm, da drüben bei… na, ist ja auch egal. Aber da bieten sie jetzt für Touristen guided fresh-air-snapping with mushroom-seeking an. Früher hat man dazu Spazierengehen und Schwammerlsuchen gesagt. Verstehst du das?“

Berger klopft dem Leibner beruhigend auf die Schulter und sagt dann: „Nein. Auch das versteh' ich nicht. Und ich, ich will mich doch auch gar nicht scheiden lassen, sowas würde ich nie tun.“

Der Leibner grinst, schaut die anderen an und sagt: „Das stimmt. Der Berger und sich scheiden lassen? Nie im Leben. Schon wegen der Kinder würde der das nicht tun. Und so korrekt wie der ist, würde der in dem Fall mit der Scheidung mindestens so lange warten, bis die Kinder tot sind, stimmt doch, oder, Berger?“

„Der lässt sich ja auch nicht scheiden“, sagt Posic, „nicht mal ansatzweise. Nur seine Tochter muss das glauben, sonst niemand. Wichtig ist nur, Berger, dass du sagst, dass du es deiner Frau noch nicht erzählt hast. Dann funktioniert das, glaube mir. Und außerdem, was kann schon passieren? Deine Schwiegersöhne mögen dich eh nicht, und deine Töchter sind mit denen verheiratet, und nicht mit dir. Wie spät ist es jetzt bei denen?"

„Bei wem? Bei denen in Kapstadt?" Berger schaut auf seine Uhr und sagt: „eine Stunde später, warum?"

„Also ist es da jetzt kurz vor zehn Uhr abends. Das passt. Da ist deine Tochter bestimmt zuhause und der Turban noch nicht. Also, geh telefonieren. Aber mach' es genau so, wie ich es dir gesagt habe, ja?"

Berger nickt, stemmt sich vom Tisch hoch und geht zum Wirt, der mit flüssigen Bewegungen Bier zapft.

„Kann ich mal telefonieren? Nach Kapstadt?"

Der Wirt nickt mit dem Kopf zum Telefon, das hinter der Theke bei der Spüle steht.

Berger nimmt den Hörer ab und tippt die lange Zahlenreihe auswendig ein. Nach vier Signaltönen hört man ein „Ja?"

„Ich bin's, wie geht's dir denn so?"

„Wer ist ich?" sagt die Stimme seiner Tochter, die ungefähr 9.200 Kilometer von der Fraueninsel weg ist. Luftlinie, wohlgemerkt.

„Na ich. Dein Vater. Wie viele Väter hast du denn, Rosi?", sagt Berger und die Stimme antwortet: „Papa, wo bist du? Ist was passiert? Und warum höre ich so laute Stimmen im Hintergrund? Bist du im Krankenhaus?"

„Nein", sagt der Berger, „ich bin hier auf der Fraueninsel beim Klosterwirt. Und es ist nichts passiert. Fast nichts. Also, genaugenommen fast noch nichts."

„Ja, Papa, ich weiß was du meinst. Du meinst den Geburtstag von Mami. Da hätte ich mich melden sollen. Wir würden ja gerne bei euch sein, aber wir können nicht kommen. Der Matti, der hat ja so viel zu tun, und ausgerechnet an dem Tag, an dem Mami ihren Geburtstag hat, da bekomme ich eine neue Nase. Die hat mir der Matti nachträglich zum Hochzeitstag geschenkt. Ist das nicht süß, Papa? Eine neue Nase, und zwei Wangengrübchen macht er mir auch noch."

„Eine neue Nase? Mit Wangengrübchen drauf? Spinnt ihr jetzt alle? Außerdem, deine funktioniert doch noch ganz gut, oder? Und was macht er mit deiner alten Nase? Ist die schon weiterverkauft, oder kommt die erst mal ins Ersatzteillager?"

„Papa, du bist doof. Ich werde bald fünfunddreißig, da muss man was tun. Das verstehst du nicht."

„Das versteh' ich wohl", sagt der Berger und hält den Hörer fester ans Ohr: „Dein Mann ist ein berühmter Schönheits-Chirurg, ok. Aber der hat schon so viel an dir rumgeschnibbelt, dass eigentlich nur die Hälfte von dir bald fünfunddreißig wird. Mit einigen von deinen Körperteilen sind wir schon gar nicht mehr blutsverwandt."

„Papa, du wirst fies. Ich lege jetzt auf. Außerdem glaube ich, dass du betrunken bist. Tschüss Papa."

„Warte", sagt der Berger, „ein bisschen vielleicht. Betrunken meine ich. Aber was ich dir jetzt sage, das kann ich dir auch morgen und nüchtern sagen: ich will mich scheiden lassen. Von deiner Mutter."

Stille. Dann, nach einer gefühlten Ewigkeit, sagt die Tochter:"Nein. Was? Wie? Warum? Das geht nicht, Papa. Das kannst du nicht machen. Was sagt Mama?"

Berger schaut die Gläser im Regal an und sagt: „Mit der hab' ich noch nicht darüber gesprochen. Das mach' ich jetzt, wenn ich heimkomme."

„Ja, aber warum? Warum, Papa? Ihr beide seid jetzt, warte mal, siebenunddreißig Jahre verheiratet, oder?"

„Exakt."

„Da lässt man sich nicht einfach so scheiden. Ist was passiert? Habt ihr euch gestritten? Was ist los?" Die Stimme der Tochter kommt atemlos aus dem grünen Hörer und Berger sagt: „Nichts ist los, aber ich will noch ein paar Jahre was machen, was erleben. Raus aus dem Ganzen hier. Vielleicht ziehe ich nach Italien oder so. Da wollte ich schon immer mal hin. Oder ich geh' nach Dänemark. Da hab' ich einen Kumpel, der hat da eine Kneipe direkt am Wasser. Der will mich als Koch haben."

Stille. Dann sagt die Rosi: „Du spinnst ja. Hast du schon mit Steffi telefoniert?"

„Deiner Schwester? Nein. Du warst schon immer die vernünftigere, ich wollte das erst dir sagen. Aber ich rufe die Steffi jetzt gleich an."

„Nein, das tust du nicht, Papa. Du rufst heute niemanden mehr an. Du sprichst auch nicht mit Mama darüber. Versprich mir das. Schlaf, drüber, Papa. Bitte. Und lass mich auch eine Nacht drüber schlafen. Ich bin jetzt voll von den Socken. Ich weiß gar nicht, was ich sagen soll. Der Matti ist auch noch nicht da. Der hat heute noch zwei Po-Straffungen und ein Hängekinn. Mann, du kannst einen aber auch erschrecken."

Wieder Stille. Berger hört das schnelle Atmen seiner Tochter, dann spricht sie wieder: „Papa, trink noch in aller Ruhe ein Bier und geh' dann nachhause. Und sprich bitte heute nicht mit Mama über deine … Idee, ja? Versprochen? Lass uns morgen noch mal telefonieren, ja? Papa? Hörst du mir überhaupt zu?"

„Ja."

„Gut, Papa, gut. Morgen bin ich mittags um zwölf wieder hier im Haus. Wo soll ich dich anrufen?"

„Daheim."

„Gut, Papa, mach' ich. Aber du musst mir jetzt hoch und heilig versprechen, dass du Mama nichts sagst. Sie soll sich nicht aufregen, das verträgt sie doch nicht mehr. Wir beide reden morgen um zwölf, und dann schauen wir, wie es weitergeht, ok? Versprichst du mir das, Papa? Ja?"

Berger wartet einen Moment und sagt dann: „Ja, gut. Bis morgen. Schlaf gut."

Dann legt er auf und geht zum Tisch zurück, wo die anderen drei herzlich über eine Geschichte lachen, die der Singhammer Schorsch erzählt. Der Berger kriegt den Rest der Story im Hinsetzen noch mit. Der Singhammer sagt: „Und dann sag' ich nach dieser ganzen Geschichte zu meiner Frau, ich kann das mit deiner hintennach-Plapperei einfach nicht mehr ertragen. Immer musst du das letzte Wort haben. Kannst du nicht einfach mal deine Klappe halten? Nur einmal? Denn sonst werde ich dich eines schönen Tages verlassen, das schwöre ich dir. Da sagt sie doch glatt zu mir: Schatz, heute ist ein schöner Tag."

„Morgen um zwölf ruft sie mich an. Jetzt werden mich meine Schwiegersöhne noch mehr hassen", meint der Berger als das Gelächter nachlässt, und der Posic sagt: „Geht das? Bei denen bist du eh' schon über dem Limit. Weißt du, was jetzt passieren wird?"

„Was?", fragt der Berger und schaut sich nach der Bedienung um.

„Deine Tochter, die ruft jetzt ihre Schwester in Hamburg an. Jetzt in dieser Minute." Damit klopft der Posic auf seine alte Armbanduhr und spricht weiter: „Und mich soll der Teufel holen, wenn du morgen Mittag um zwölf nicht eine gute Nachricht kriegst. Die kommen, alle vier, wetten?"

„Super. Und wenn die da sind, dann sage ich, ätsch, wir lassen uns doch nicht scheiden, oder was?", fragt der Berger, dem jetzt doch Zweifel kommen, ob das alles so richtig war, was er da gemacht hat.

Jetzt sagt der Singhammer: „Der Posic hat schon recht. Wenn die vier wirklich kommen, dann fängst du die vor dem Haus ab und sagst: Kinder, kein Wort zu eurer Mutter wegen der Scheidung. Ihr habt ja so recht. Das wäre ein schlimmer Fehler von mir. Ich werde eure Mutter nie verlassen. Irgend sowas in der Art musst du sagen, dass die glauben, sie hätten dir die Schnapsidee ausgetrieben."

Berger schaut immer noch zweifelnd in die Runde. Aber seine drei Freunde nicken ihm zu, und jetzt kommt auch der Bier-Nachschub. Fanny, das Glühwürmchen, nimmt einen herzhaften Schluck aus dem Glas vom Singhammer, bevor sie es vor ihm auf den Tisch stellt. Und der Leibner sagt: „Also, ich wette, dass das klappt. Wenn das nicht klappt, dann zahle ich einen Abend auf dem Münchner Oktoberfest. Für uns alle vier. Prost!"

Berger verzieht den Mund und sagt: „Danke nein. Das Münchner Oktoberfest, das ist wie Ballermann ohne Sand. Und wenn das mit meinen Töchtern nicht klappt, oder eine von denen meine Frau anruft, dann kann ich abhauen. Nach Alaska, als Schlittenhund-Masseur oder sowas."

Später schaut Berger dem Schiff nach, das ihn nach Bernau-Felden gebracht hat, und hört vom Dorf her die Kirchturmuhr schlagen. Halb elf. Eine Viertelstunde später schlurft er am Rathaus vorbei und geht dann die Aschauer Straße runter.

Kühler Wind aus Süden, aus der Richtung der Kampenwand, kommt auf. Berger schlägt den Kragen seiner Jacke hoch und denkt sich, was ist, wenn das alles nach hinten losgeht. Das kann ja gar nicht funktionieren.

Im Haus ist alles dunkel, und Berger schließt vorsichtig die Tür hinter sich. Im Wohnzimmer tanzen die Schatten der Äste der alten Linde, die hinten im Garten steht. Ganz am Rande der ausgetretenen Holztreppe geht er nach oben. Jetzt nur keinen Lärm machen. Im Badezimmer legt er seine Klamotten ab und putzt sich die Zähne. Dann schleicht er ins dunkle Schlafzimmer und legt sich behutsam auf seine Seite des alten Zirbenholz-Bettes. Seine Frau liegt neben ihm auf dem Rücken und schläft tief und fest. Berger kann lange nicht einschlafen.

So gegen halb acht wird er wach und riecht frischgebrühten Kaffee. Von unten, aus der Küche, kommen vertraute Geräusche. Im Schlafanzug geht er runter, setzt sich an den Tisch und nimmt schweigend die Zeitung.

„Auch einen schönen guten Morgen", sagt seine Frau, „du bist ja wieder ein richtiges Plappermäulchen heute früh. Wann bist du heimgekommen? Ich hab' dich gar nicht gehört?"

„Ach, so gegen elf, glaube ich. War noch was gestern?"

„Was soll gewesen sein?", fragt seine Frau und stellt ihm die Kaffeetasse hin. Mit der anderen Hand schiebt sie einen Korb mit frischen Brezen über den Tisch: „Nichts ist gewesen, und genau darüber wollte ich mit dir reden."

„Über nichts wollen wir jetzt reden? Auch gut", sagt der Berger und versteckt sein Gesicht hinter der Zeitung.

„Genau", sagt seine Frau. „weil ich nämlich in zwei Wochen einen runden Geburtstag habe. Und weil mein größter Wunsch wäre, dass dann meine Töchter hier bei uns an genau diesem Tisch sitzen. Wenn's sein muss, sogar zusammen mit ihren Männern. Das ist eigentlich der einzige große Wunsch, den ich in diesem Leben noch habe. Und das weißt du ganz genau. Und bis jetzt habe ich noch nichts von dir gehört, wie wir das machen können. Du bist ja lieber mit deinen Spezeln im Wirtshaus."

Der Brenner murmelt hinter seiner Zeitung:„Wir haben das Geld nicht, um die alle einfliegen zu lassen. Das heißt, wir hätten es schon, aber von was sollen wir dann in ein paar Monaten das neue Dach bezahlen? Also, was willst du? Deine, ich meine, unsere Kinder mit ihren unfassbaren Männern hier am Tisch, und dafür regnet es uns im Herbst rein? Oder lieber ein neues Dach, und das mit den Kindern machen wir zu Weihnachten oder ich weiß auch nicht genau, wann. Was soll ich machen? Es ist nicht meine Schuld, dass die eine nach Südafrika geheiratet hat und die andere mit einem Stück Gemüse mit einem großen Schlüsselbund um den Bauch in Hamburg verehelicht ist. Oder?"

Unter der Zeitung, die er sich immer noch vor das Gesicht hält, kommt ihre Hand durch. Sie drückt seinen Arm und sagt sanft: „Entschuldige. So habe ich das nicht gemeint. Ich weiß, dass du alles für mich machst. Nur, weißt du, früher, da warst du ein ganz anderer."

Berger lässt die Zeitung sinken und schaut seine Frau an. „Ja?", sagt er, „War ich das? Wie anders war ich denn?"

„Der, den ich immer noch liebe, der warst du", sagt sie und lächelt, „aber weißt du, mein Mann früher, der hat immer so irre Einfälle gehabt. Wenn wir was unbedingt wollten, dann hast du das hingekriegt. Irgendwie. Und manchmal hast du Sachen gemacht, die mich erschreckt haben. Früher, da war nichts unmöglich für dich. Aber alles, was du gemacht hast, hast du immer für uns gemacht. Jetzt sind wir eben so, wie wir sind, und ich bin eigentlich ganz froh, dass du ruhiger geworden bist und keinen Blödsinn mehr machst. Und wenn ich an meinem Geburtstag hier mit dir sitze, ohne die Kinder, dann ist das genauso schön für mich. Ich habe das Ganze ein bisschen hochgeschaukelt, du hast ja recht. Wenn die Kinder freiwillig kommen wollten, dann könnten die das auch. Da kannst du doch gar nichts machen." Sie drückt seine Hand, und er sieht in ihren Augen Tränen.

„Ich muss dann noch mal weg", sagt er und liest weiter in der Zeitung. Nach dem Frühstück geht er in den Garten und schichtet das Brennholz für den Kachelofen um. Gegen elf fährt er zum Supermarkt runter und kauft für das Mittagessen ein.

Kurz vor zwölf schleicht er in der Nähe des Telefons durch das Wohnzimmer. Seine Frau kommt von oben und sagt: „Warum bist du so nervös? Hast du was?"

„Wer, ich?", sagt er, „Nein, überleg' nur, ob ich den Baum draußen ein bisschen beschneide, weil ich, na ja, die Äste und da..."

In dem Moment läutet das Telefon. Berger nimmt den Hörer und dreht seiner Frau den Rücken zu. Sie hört, wie er einsilbig in den Hörer spricht: „Wie? Ja, gut, ok. Mach ich. Was? Nein versprochen, kein Wort. Ehrlich. Bist du sicher? Die andere auch? Gut, bis dann also. Was?"

Seine Frau kommt näher und Berger streckt den Arm aus hält ihr den Zeigefinger entgegen. Sie bleibt stehen und schaut ihn an. Er schließt die Augen und spricht wieder: „Ja, gut. Klar, das ist ein Deal. So machen wir es. Was? Nein, ich warte, bis ihr alle da seid. Bis dann. Servus."

Berger legt den Hörer auf und nimmt seine Frau in den Arm: „Das war die Rosi. Sie kommen, und die Hamburger auch. Unsere Kinder und Schwiegersöhne sind vollzählig hier zu deinem Geburtstag. Und ihre Reise bezahlen sie auch selber."

Der Schamane von Urschalling

Seghammer hatte nicht auf die Uhr geschaut. Das tat er nie, während er lief. Aber es war sowieso immer das Gleiche: fünf Mal die Woche, so gegen vier Uhr am Nachmittag trabte er raus aus dem Dorf. Vorbei an den Mesner Stuben, dann kurz hinter dem Ortsschild von Urschalling, nach einem schnellen Blick auf die Alpenkette mit den schneebedeckten Bergspitzen, beschleunigte er das Tempo. Die Sonne stand heute wie ein riesiger, oranger Keks am Himmel, und es roch nach Heu, nach Kuhstall und feuchter Erde.

Noch zwei- oder dreihundert Meter auf der neu geteerten Urschallinger Straße den sanften Hügel hinunter. Jetzt das Tempo noch mal leicht anziehen und dann ab über die vielbefahrene St.2093, die Bernau mit Prien verbindet. Er lief am Sportplatz vorbei, mit vier schnellen Sätzen über die Bahnschienen und dann rechts weiter bis vor zur Harrasser Straße. Dort machte er an einer der Birken seine ersten Dehn-Übungen und steckte sich dann die beiden kleinen, weißen Lautsprecherknöpfe seines I-Phones in die Ohren.

Zu dieser Jahreszeit, im späten Sommer, schimmerte das kurze Moorgras links und rechts der Straße in einem eigenartigen Tiefgrün.

Seghammer lief jetzt in einem schnellen Rhythmus, und die Birkenallee zog an ihm vorbei. Nach ein paar Minuten trabte er über den Parkplatz vom „Fischer am See", dann rechts in den kleinen Wald hinein, der sich wie eine Festungsmauer vor ihm auftürmte. In weniger als einer Minute war er dann am Wasser.

Klar, er lief natürlich normalerweise links an den beiden Campingplätzen vorbei bis Ernsdorf, und von da auf diversen Schleichwegen zurück nach Uschalling.

Aber heute wollte er vorher zu seiner Lieblingsstelle beim Schöllkopf. Deswegen der kleine Umweg nach rechts. Da gibt es nämlich eine kleine Lichtung, die vom Weg aus nicht einsehbar ist. Ein umgestürzter Baumstamm liegt so ideal schräg direkt am Seeufer über zwei kleinen, vom Schilf umwachsenen Sandhügeln, dass man sich bequem auf den Stamm setzen kann, und den unfassbar schönen Blick über den abendlichen Chiemsee, rüber zu den Bergen genießen.

Das wird ein herrlicher Abend, dachte sich Seghammer, während er der Musik lauschte, die aus seinen Kopfhörern kam. Vivaldi. Die vier Jahreszeiten. Früher, da wäre ihm so eine Musik nicht ins Ohr gekommen, aber jetzt, mit Mitte Fünfzig, da passte das irgendwie. Wenn man selber in ein paar Jahren in die vierte Jahreszeit seines Lebens kommt, dann sieht und hört man vieles anders, dachte er sich und sah an seinem schlanken Körper entlang nach unten bis er auf den Kiesweg blickte.

Die Frau, die vornübergebeugt auf „seinem" Baumstamm saß, sah er erst ziemlich spät. Dichte weiße Haare fielen ihr über die Schultern auf eine grüne Trachtenjacke, und mit ihren Händen machte sie irgendwas im Wasser.

Seghammer räusperte sich und joggte auf der Stelle, etwa zwei Meter hinter ihr. Sie fuhr herum und riss die Augen auf. „Mein Gott, was haben Sie mich erschreckt", sagte sie und fasste sich ans Herz, „ich hab' Sie gar nicht kommen hören."

„Entschuldigung, das wollte ich ehrlich nicht", sagte der Seghammer und nahm seine Kopfhörer aus den Ohren, so dass die beiden Stöpsel an ihren weißen Kabeln wie zwei müde alte Hummeln vor seiner Brust baumelten. Dann sah er, mit was die Frau beschäftigt war. Sie hatte auf einem vielleicht vierzig Zentimeter langen und zwanzig Zentimeter breiten Stück Baumrinde drei rote Rosen drapiert. Dazwischen, in der Mitte des kleinen Rinden-Bootes, stand eine kleine, gelbe Stummelkerze, um die eine silberfarbene Schleife gebunden war. Das Rindenstück schwamm im seichten Uferwasser und bewegte sich träge vom Schilf weg. Der Frau war das ganze sichtlich unangenehm, und Seghammer überlegte, wie er aus dieser Situation wieder raus kam.

„Ach, Sie basteln also diese schönen kleinen Schiffe. Ich hab' schon ein paar davon gesehen. Letzte Woche, da war eines mit gelben Tulpen, und ein paar Tage davor, da hab' ich eines mit blauem Flieder gesehen, mit einer blauen Kerze in der Mitte.

Das schwamm aber ziemlich weit draußen, das kleine Rindenboot. Also, ich hab' mir gedacht, das sind Kinder, die sowas machen."

Die Frau, die so an die sechzig Jahre alt sein mochte, sagte nichts, und Seghammer sprach weiter: „Ich wohne nicht weit von hier, in Urschalling. Seghammer, Peter Seghammer, so heiße ich. Und die Strecke am Ufer entlang, die laufe ich fast jeden Tag. Normalerweise setze ich mich dann ein paar Minuten hier auf den Baumstamm und schaue auf den See hinaus. So habe ich auch die Rinden-Schiffchen entdeckt und darüber nachgedacht. Wissen Sie was? Ich laufe jetzt weiter und störe Sie nicht länger. Tut mir echt leid, dass ich Sie erschreckt habe. Einen schönen Nachmittag noch."

Die Frau schüttelte den Kopf und sagte: „Ich geh' eh gleich. Setzen Sie sich ruhig her zu mir. Normalerweise komme ich früher hierher. Aber heute war so viel Verkehr auf der Autobahn, und dann auch noch eine Baustelle, direkt vor der Bernauer Ausfahrt, also nein."

„Von wo kommen Sie, wenn ich fragen darf?"

„Aus Rosenheim", sagt sie, „aber mein Mann und ich, wir waren oft hier am Chiemsee. Die anderen Seen, die kennen wir natürlich auch alle, aber das hier, das war eine seiner Lieblings-Stellen. Hier sind wir oft gesessen, auf genau diesem Baumstamm. Dann haben wir über das Wasser auf die Berge geschaut und die Stille genossen. Hierher kommen auch nie Touristen. Hier hat man seine Ruhe. Auch im Sommer. Die Leute, die baden wollen, die gehen woanders hin, und vom Weg aus kann man diesen Platz nicht sehen. Und mit dem Auto bis fast ans Ufer fahren, das kann man hier gottseidank auch nicht. Ja, und weil keiner mehr mit seinem Badekrempel auf dem Rücken eine Viertelstunde durch den Wald gehen will, ist es hier auch in der Ferienzeit sehr ruhig."

Leicht irritiert schaute sie zum Seghammer hoch und meinte: „Mein Gott, so viel am Stück habe ich schon lange nicht mehr geredet."

„Das macht der Chiemsee. Der hat eine positive Energie, die packt einen schnell", sagte der Seghammer und setzte sich neben die Frau auf den Baumstamm: „Schauen Sie, wie das Wasser hier smaragdgrün schimmert, und da drüben, da ist es dunkelbraun, und da vorne, in der Mitte, da glitzert die Oberfläche, so, als ob jemand aus einem großen Sack Diamanten ausgestreut hätte, nicht wahr?"

Die Frau wischte sich die nassen Hände mit einem blauen Tuch ab, das sie aus ihrer Hosentasche gefischt hatte, und sagte mit einem leisen Lächeln: „So haben wir das nie gesehen, mein Mann und ich. Wir haben einfach die Natur genossen, die vielen Farben der Bäume und den Blick nach Herrenchiemsee rüber. So einen wunderschönen Mischwald wie den hier hinter uns, den sieht man nicht mehr so oft. Ach Gott, was bin ich unhöflich. Ich bin die Irmi Schirmer."

Sie streckte dem Seghammer dir rechte Hand hin, und er nahm sie und sagte: „Sie arbeiten viel, Sie haben die rauen Handflächen eines Menschen, der zupacken kann."

„Ja", sagte die Irmi, „wir haben einen Gemüseladen in Rosenheim. Obst und Gemüse. Da muss man schon mit anfassen."

„Wo ist ihr Mann?"

Irmi beugte sich vor und griff nach einem Schilfbüschel. Sie ließ die schmalen Blätter durch die Finger gleiten und sagte leise: „Der ist tot."

Du Trottel, dachte sich Seghammer, da bist du wieder genau in den Fettnapf getreten. Bingo.

„Tut mir leid, ich wollte nicht, ich meine..."

„Schon gut", sagte die Frau, „er ist schon seit fast einem Jahr tot. Ich komme nur immer wieder hierher, weil ... ach, lassen wir das, ich will da nicht drüber reden."

„Manchmal ist es ganz gut, wenn man ein bisschen redet. Ich will Ihnen aber nicht auf den Wecker gehen. Nur eines, das könnten Sie mir vielleicht erklären, wenn Sie mögen. Was bedeuten die kleinen Rinden-Schiffchen?"

Die Irmi strich sich eine graue Locke aus der Stirn und sagte: „Der Bernhard, so hat mein Mann geheißen, hat hinten in unserem Garten immer seine Lieblingsblumen angepflanzt. Jedes Jahr hat er das gemacht. Rote Rosen und gelbe Tulpen. Und in der Ecke, am Zaun, da steht ein großer blauer Fliederbusch. Da hat er sich seinen bequemen Gartenstuhl und einen kleinen Tisch hingestellt. Unter dem Flieder, zwischen den Rosen und Tulpen. Das war im Sommer und im Herbst sein Lieblingsplatz. Nach Feierabend, so um sieben Uhr rum, da hat er sich dann ein Bier oder ein Glas Wein genommen und ist zu seinen Blumen gegangen. Mit denen hat er auch geredet. Das hilft denen beim Wachsen, hat er zu mir gesagt. Ich hab' immer darüber gelacht. Aber seine Tulpen und Rosen, die waren die prächtigsten Blumen im ganzen Viertel. Und so einen Flieder wie unseren, den hat man weit und breit nicht gesehen."

Sie schüttelte den Kopf und schaute zu den blauen Wolken hoch, die über den Gipfeln der Alpenkette Figuren bildeten.

„Und jetzt bringen Sie ihm seine Blumen hierher?"

„Seine Blumen, ja. Ich kann mir vorstellen, was sie jetzt denken, aber für mich ist das wichtig."

„Ich denke, dass das eine schöne Sache ist, was Sie da machen", sagte der Seghammer.

Jetzt lächelte sie wieder ein bisschen und sagte: „Er hat mal gemeint, hier wäre ein schöner Platz für unsere Seelen. Wer immer von uns beiden zuerst gehen muss, hat er gesagt, dessen Asche sollte hier auf dem See verstreut werden. Und der andere, also der, der dann noch hier unten ist, der kann hierher kommen und mit der Seele des anderen sprechen. Aber sowas geht hier in Deutschland natürlich nicht. Das mit der Asche, meine ich. Seine, die liegt in Rosenheim auf dem Friedhof. In seinem Familiengrab. Da ist die Urne, und da liegt er mit seiner Mutter, die er nie gemocht hat, und mit seinem Vater, den seine Mutter nach Strich und Faden betrogen hat. Eine harmonische Gesellschaft, könnte man sagen. Die haben sicher viel Spaß, jetzt, wo sie wieder zusammen sind."

„Ach wissen Sie, da könnte ich mitsingen, bei dem Lied." Der Seghammer streckte seine Beine aus und faltete die Hände hinter dem Nacken: „Wenn ich so an das Begräbnis meiner Mutter denke", sagte er, und eigentlich sprach er jetzt zu den Wolken am Himmel, „da war ein Sprecher, ein Trauerbegleiter, so nennt man das wohl, der hat von einer Toten gesprochen, die ich gar nicht kannte. Meine Mutter, die hatte da in der Urne, wie sie vor uns auf diesem lächerlichen Gestell stand, plötzlich Eigenschaften, die ich mein ganzes Leben lang an ihr vermisst habe. Und so, wie der Kerl in dem Aufbahrungsraum die Frau, die man auf ein paar hundert Gramm Asche reduziert hatte, beschrieb? Also nein, ich hab' mir gedacht, ich sitze vor der verkehrten Urne. Aber es waren alle da. Meine Geschwister, ein paar Bekannte, und Leute, die ich seit vielen Jahren nicht mehr gesehen hatte. Also war's auch die richtige Beerdigung. Dann hat eine Harfistin, oder wie das heißt, irgendwas schrecklich Getragenes gespielt. Und hinter der Urne, da stand einer vom Bestattungs-Institut. Der hatte so eine Profi-Trauermiene drauf, dass ich mir überlegt habe, wie der das wohl nach Feierabend abschaltet, dieses Mitfühl-Gesicht. Oder ob der seine Frau genauso ansieht, wenn er nach Hause kommt."

Die Irmi schaute ihrem Rinden-Schiffchen nach und meinte: „Na ja, das sind die Rituale, die man hier einfach durchleben muss. Wir wollten uns eine eigene Grabstelle suchen, der Bernhard und ich. Nein, kein Grab, sondern einen Platz in einem dieser Friedwälder. Das wollten wir. Aber dann ist alles so schnell gegangen. Und irgendwie hab' ich mich von seinen Geschwistern plattreden lassen, dass er mit in das Familiengrab kommt. Ich weiß auch nicht, aber es ist schon ein Zufall, dass es bei Ihnen ähnlich abgelaufen ist. Das mit der späten Familienzusammenführung, meine ich. Na ja, jetzt ist er schon fast ein Jahr weg, und ich hätte ihm noch so viel zu sagen gehabt. Und er mir bestimmt auch. Ein bisschen Zeit zusammen, das hätten wir beide noch gebraucht. Ich bin mir ganz sicher. Dann wäre einiges anders gelaufen. Und diese verlorene Zeit, die suche ich jetzt. Vielleicht gibt er mir ja ein Zeichen, wenn er mitkriegt, was ich von ihm will. Was meinen Sie?"

„Auf der Suche nach der verlorenen Zeit. Das klingt schön, ist aber grausam, denke ich. Ist Ihr Mann denn so schnell gestorben?"

„Tja, das war schon irgendwie eigenartig", sagte die Irmi und zupfte an einem Blatt herum, „wissen Sie, er hat mir lange nicht erzählt, dass er Krebs hat. Er war anders, er hat sich verändert, klar, aber ich hab' gedacht, es ist wieder eine seiner Stimmungsschwankungen. Ich hab' schon gemerkt, dass er was hat. Aber doch nicht das. Erst als er seine Schmerzen nicht mehr verheimlichen konnte, da haben wir darüber gesprochen. Er wollte keine Chemo oder sonst irgendeine andere Therapie machen, und er hat mir auch gesagt, dass er nicht weiß, wie er mit sich und der Situation umgehen soll."

„Und dann?"

„Und dann? Dann, an einem Tag wie diesem, da bin ich früh morgens nach München zum Großmarkt gefahren, und als ich am Mittag zurück kam, da lag er tot in seinem Bett. Der Notarzt, den ich gleich gerufen habe, der hat mir ein Glas mit Tabletten gezeigt und gemeint, von denen hätte er wohl ein paar zu viel genommen. Ein klarer Fall von Suizid. Aber das verstehe ich nicht, noch immer nicht. Deswegen will ich ein Zeichen von ihm, irgendwas, das mir hilft, das zu begreifen. Er hat ja auch immer gesagt, wenn ihm mal was passieren sollte oder so, dann meldet er sich aus dem Jenseits, wenn es irgendwie geht. Das klingt jetzt blöd, oder? Aber da hat er fest dran geglaubt. Deswegen sitze ich hier und schicke ihm seine Lieblingsblumen auf den See hinaus. Vielleicht sieht oder hört er mich ja, wer weiß? Was meinen sie?"

Seghammer schüttelte den Kopf und sagte: „Ich glaube, dass die Toten, ich meine, ihre Seelen oder wie man das nennen will, dass die so lange bei uns oder um uns herum sind, bis beide Seiten loslassen können. Der Verstorbene und der noch Lebende. Man lebt zweimal. Das erste Mal hier in der Wirklichkeit, und das zweite Mal in der Erinnerung der Menschen, die uns gekannt oder geliebt haben. Und diese Erinnerung, die muss auch stimmen. Die Toten wollen zumindest verstanden werden, dann stimmt auch das mit der Erinnerung."

„Das haben Sie aber schön gesagt, das mit dem zweimal leben", meinte die Irmi und wischte eine Träne aus ihrem linken Auge.

Der Seghammer kratzte sich am Ohr und sagte mit einem entschuldigenden Lächeln: „Das ist nicht von mir. Ein gewisser Balzac hat das mal geschrieben. Aber es stimmt. Mein Nachbar, der beschäftigt sich viel mit solchen Sachen, der hat mir das erzählt. Ein kluger Mensch. Wissen Sie was? Mit dem sollten Sie mal reden. Der kann Ihnen das alles viel besser erklären und vielleicht auch den einen oder anderen Tipp geben, wie Sie ein Zeichen sehen oder verstehen können. Ich persönlich glaube ja nicht an Zufälle. Drum denke ich, dass ich genau heute um diese Uhrzeit hierher gekommen bin, um mit Ihnen zu reden. Verstehen sie, was ich meine?"

Jetzt sah man der Schirmer Irmi die Skepsis förmlich an. Sie rückte ein bisschen vom Seghammer ab und sagte: „Kommen Sie mir jetzt mit einem Esoterik-Eintänzer oder einem Freestyle-Schamanen? Mit Omm-Gesängen und Gläserrücken bei Vollmond? Das hätte ich nicht von Ihnen gedacht, ehrlich nicht."

„Nein, das meine ich ganz anders." Dem Seghammer war das jetzt sichtlich unangenehm und er sagte: „Mir hat mein Nachbar bei der Verarbeitung meiner Probleme sehr geholfen. Obwohl, das ist jetzt auch falsch ausgedrückt. Er hat mir einen Weg aufgezeigt, wie ich mit dem, was nach dem Tod meiner Mutter mit mir passiert ist, umgehen konnte. Er ist auch kein Eso-Guro oder sowas. Er sagt Ihnen ganz einfach das, was er im Zusammenhang mit Ihren Problemen sieht und was er fühlt. Was sie dann draus machen, das liegt ganz bei Ihnen. Er ist, wie soll ich sagen, ein Dolmetscher zwischen uns und den Mächten und Wesen hinter dem Schleier der Natur. Oder mit dem, was mit uns passiert und anders wird, wenn wir unseren Körper verlassen müssen. Sie merken schon, ich weiß auch nicht, wie ich das jetzt ausdrücken soll. Er hat sowas wie einen Hilfsgeist, der ihn in die jenseitigen Welten schauen lässt. Wissen Sie was? Ich schreibe Ihnen seine Telefonnummer auf. Und wenn Sie mögen, dann rufen Sie ihn an und sagen ihm viele Grüße von mir. Sagen Sie ihm, dass wir uns heute hier unten am See getroffen haben. Schauen Sie, was haben Sie denn schon groß zu verlieren? Entweder, er kann Ihnen helfen, oder Sie machen auf Ihrem Weg weiter. Was meinen Sie?"

Seghammer kramte in der Brusttasche seiner schwarzen Fleece-Jacke und zog einen verknitterten Zettel hervor. Den glättete er auf seinem rechten Oberschenkel. Aus einer der Seitentaschen holte er einen Kuli mit der Aufschrift SHERATON DORNBIRN. Dann drehte er den Zettel um und schrieb eine Reihe von Zahlen drauf.

Die Irmi nahm den Zettel, drehte ihn wieder um und las mit einem Lächeln: „Milch, Zwiebeln,

Joghurt-Butter, Sauerrahm, Spinat und Früchte-Quark. Ein Puten-Schnitzel und Oliven. Schon sehr bewusst, wie Sie sich ernähren, oder?"

Dann wurde sie wieder ernst und sagte: „Wie muss ich mir Ihren Nachbarn denn vorstellen? Indianischer Typ mit Pferdeschwanz und einer Feder im Haar?"

Jetzt musste der Seghammer lachen und sagte: „Der Peter? Ja, er heißt auch Peter, wie ich. Nein, der sieht sowas von normal aus, das glauben Sie jetzt nicht. Er ist ein hochseriöser Schreinermeister, der sich vor Arbeit kaum retten kann. Zum Geistheilen kam er erst vor acht oder neun Jahren, hat er mir erzählt. Und zwar durch eine ganz merkwürdige Sache. Er und seine Frau, die Maria, waren in Mexiko. Irgendwo auf dem Land, und da haben sie eine Pyramide besichtigt. Fünf oder sechs Stunden sind die beiden mit ihrem Leihwagen gefahren, dann haben sie die geheimnisvolle Pyramide gefunden. So geheimnisvoll war die aber nicht, denn da waren allem Anschein nach schon an die dreißig oder vierzig Leute, und vorneweg ging einer, der war der Prototyp eines Schamanen. Dunkelhäutig, im Lendenschurz, mit bunten Schnürschuhen, und Federschmuck mit Glasperlen dran, und Fell um die Schultern, und langen, öligen schwarzen Haaren. Ein Inka-Medizinmann wie aus dem Bilderbuch. Die Frau meines Nachbarn, die war entzückt und ist zu der Gruppe rübergelaufen und hat sich angehört, was der Dunkle mit der Adlernase seiner Gruppe erzählt hat. Der ganze Haufen ging dann nach ein paar Minuten um die Pyramide herum. Da stand ein gelber Bus mit der Aufschrift: Global Tours. We show you the best. Die Maria, die hat das immer noch nicht geschnallt und sagte zu dem Schamanen irgendwas in ihrem Bayern-Englisch, und der starrte sie an und erwiderte mit amerikanischem Südstaaten-Akzent, während er sich die Schminke aus dem Gesicht rieb: Lady, I am the god damn tour-guide here, and you surely don't belong to my group. You better buy a ticket or you dont enter this bus, Madam."

Seghammer schüttelte den Kopf und sprach weiter: „Am Abend, im Hotel, da haben sie das dem Barkeeper erzählt. Der hat verständnisvoll mit dem Kopf gewackelt, ihnen mit geheimnisvoller Miene zugeflüstert, dass es in seinem Dorf, nicht weit von hier, eine Marien-Statue gibt, die blutige Tränen weint. Immer am Mittwoch um Punkt acht Uhr abends tut sie das. Ok, das kostet ein bisschen, wenn man das sehen will, und ein jeder darf das auch nicht miterleben, aber für zwanzig Dollars oder so, zahlbar jetzt gleich und hier, da könnte er schon was arrangieren. Und heute wäre ja Dienstag, nicht wahr, da könnte man für morgen schon noch was machen. Natürlich erwarte die heilige Maria vor Ort dann auch noch eine angemessene Extra-Spende nach der doch sehr anstrengendenTränensache. Aber das könne man dann ja individuell machen. Die beiden waren schwer beeindruckt, bezahlten den Barkeeper und fuhren also am nächsten Abend in das Dorf. Das bestand aus vier kleineren Lehmhäusern, einer Cantina, so heißen die Kneipen da drüben, und einem stattlichen weißen Haus mit Säulen vor der Eingangstür. Da, unter den Säulen, da waren schon an die zwanzig Europäer, Amerikaner und Japaner und fummelten an ihren Kameras und Recordern herum. Kurz vor acht kam dann ein Mexikaner vor die Tür und sagte, Leute, die heilige Maria wäre dann soweit. Wir gehen jetzt alle in die Scheune hinter dem Haus. Jeder setzt sich auf einen Stuhl. Vor der Bühne ist ein Seil gespannt. Das ist die Absperrung. Sobald jemand von Ihnen das Seil berührt, kann die Maria nicht mehr weinen. Soweit alles klar? Super. Während des Weinens bitte keine lauten Gespräche und keine Telefonate. Fotografieren ist sowieso verboten. Sie können aber später Bilder von der heiligen Maria bei mir kaufen. Darauf sieht man das Weinen auch ganz deutlich. Wenn Sie jetzt noch was essen oder trinken wollen, dann machen Sie es vor der Show. Links neben der Bühne ist ein Getränke-Automat, und rechts geht's zu den Toiletten. Danke für Ihre Aufmerksamkeit. Wenn Sie mir jetzt bitte folgen wollen."

Die Irmi schaute den Seghammer ungläubig an, und der erzählte weiter: „Ja, und dann sind die beiden um das Haus herum in den Schuppen marschiert. Im Gänsemarsch mit den andern Touristen. Drinnen, in der alten Scheune, da waren ein paar Reihen mit alten hölzernen Klappstühlen. Und vorne, an der Stirnseite, da sah man auf eine kleine Bühne.

Darauf stand vor einem speckigen roten Brokat-Vorhang eine Maria aus Stein oder Gips auf einem Baumstumpf, der vielleicht einen Meter hoch war. Sonst nichts. Die Maria war bunt bemalt, mit einem blauen Kleid, schwarzen Haaren und einer goldenen Krone auf dem Kopf. Die blauen Augen zum Himmel gerichtet, so stand sie da, und plötzlich, nach zwei oder drei Minuten in vollkommener Stille, da kamen rote Tränen aus diesen weit aufgerissenen Augen. Zwei blutrote Linien liefen über ihr Gesicht auf das blaue Kleid herunter und tropften auf den Baumstamm. Die Japaner, so hat mir der Peter das erzählt, die haben alle durcheinander geredet und mit den Köpfen gewackelt wie die Wilden. Die Amis, die haben in einer Tour das F-Wort gebraucht, und sich gegenseitig auf die Schultern geschlagen. Und der Peter, der hat zu seiner Frau gesagt: jetzt habe ich genug von der Verarsche hier. Dann ist er während der Show aufgestanden und rausgegangen und um die alte Scheune rum marschiert. Da hinten, hinter dem Schuppen, da war eine Tür, und da hat er sich hingestellt. Und nach ein paar Minuten ist da aus der Tür eine alte Frau rausgekommen, die sich mit einem Tuch eine rote Flüssigkeit von den Lippen gewischt hat, und die einen dünnen Schlauch in der Hand hatte. Soviel zum Thema Wunder."

„Super. Und zu so einem wollen sie mich schicken?" Die Irmi fischte ein Papier-Taschentuch aus ihrer unförmigen Handtasche und sagte zum Seghammer: „Heuschnupfen. Wollen sie auch eins?"

„Ja, danke. Das sind die Gräser-Pollen bei mir, da krieg ich mich an manchen Tagen gar nicht mehr ein. Aber hier im Wald, da geht es so einigermaßen. Wo war ich? Ah ja. Die Geschichte geht ja noch weiter. Jetzt wird es nämlich erst richtig interessant. Also, am nächsten Tag, da war der Maria, also, ich meine jetzt nicht die Gipsige aus Mexiko, sondern die Maria vom Peter, der war nicht gut, und sie ist im Hotel geblieben. Und der Peter ist rausgefahren zu einer kleineren Pyramide, die irgendwo im Urwald rumstand. Auf einer Lichtung, umgeben von riesigen alten Bäumen, die von wildem Efeu zugewachsen waren. Und ganz da oben, auf dieser Pyramide, da stand ein dunkelhäutiger kleiner Kerl. Der stand einfach nur so da und hatte die Arme ausgebreitet, so dass er von da unten wie ein riesiges Ypsilon aussah. Mein Peter, also, der war wie hypnotisiert. Der stand da am Fuß der moosbewachsenen Pyramide und starrte zu dem Typen hoch. Nach ein paar Minuten kam plötzlich ein Adler angeflogen. Dann noch einer, und noch einer, und auf einmal waren da sieben Adler. Der Kerl oben auf der Pyramide, der hatte sich immer noch nicht bewegt. Der stand einfach nur so da, mit ausgebreiteten Armen und geschlossenen Augen, das Gesicht zur Sonne gewandt. Die sieben riesigenSteinadler, die sind um den Kerl herum geflogen. Ganz nah. Sieben Mal, dann waren sie wieder weg. Der kleine Mann da oben, der hat die Arme langsam gesenkt, die Augen geöffnet und runter zum

Peter geschaut. Dann kam er von der Pyramide runter und sagte, gut dass du da bist."

„Und dann?" die Irmi, die ihr Taschentuch zusammengeknüllt vor der Nase hielt, starrte den Seghammer fasziniert an.

Der sagte: „Na ja, der Peter hat sich dann lange mit dem kleinen Mann unterhalten. Er war ein Schamane aus Manu, aus den Peruanischen Regenwäldern. Und was soll ich sagen? Der Kerl hat den Peter eingeladen, und der Wahnsinnige ist nach ein paar Monaten tatsächlich nach Lima geflogen, dann ist er mit einem Bus 16 Stunden nach Cuzco gefahren. Das kostet siebzig Dollars, falls Sie das interessiert. Ja, und dann musste er noch in einem Einheimischen-Bus zwei Tage und eine Nacht lang bis nach Manu reisen. Obwohl, reisen kann man das jetzt nicht nennen, hat er mir erzählt. Denn wenn man in einem Bus sitzt, in dem außerdem noch an die fünfzig Indios sitzen, stehen oder liegen, und nebenbei noch dutzende Hühner und Gänse mitfahren, und auch ein paar Ziegen und Schafe und zwei Baby-Alpakas, dann ist das nicht das, was man sich hierzulande unter einem Busausflug vorstellt, oder? Auf jeden Fall, der Peter hat seinen Schamanen-Kumpel in Manu getroffen, und dann sind die beiden für ein paar Monate im Regenwald verschwunden. Na ja, und dann ist mein lieber Peter als Heiler wiedergekommen. Und war danach noch oft in diversen Regenwäldern mit seinem Meister und Lehrer. Das ist jetzt natürlich nur die Kurzfassung. Aber wissen

Sie was? Tun Sie mir doch bitte den Gefallen, und rufen sie meinen Freund an. Wenn er Ihnen helfen kann, dann macht er das. Und wenn nicht, dann sagt er Ihnen das auch. Das hat er mit vielen Menschen so gemacht, im Lauf der letzten paar Jahre. So ist er eben. Was meinen sie dazu?"

Die Irmi kramte jetzt wieder in ihrer alten braunen Stofftasche und hielt dann ein unförmiges, altes, schwarzes Mobiltelefon in der rechten Hand. Das gab sie dem Seghammer und sagte: „Würden Sie mir einen Gefallen tun? Rufen Sie Ihren Freund für mich an? Ich kenne ihn ja gar nicht. Sie schon. Ich glaube, ich würde gerne mit ihm reden. Machen Sie das für mich? Bitte?"

Der Seghammer nahm das Handy und meinte: „Wow. Das Ding hat ja noch den Russland-Feldzug mitgemacht, oder? Sowas gibt's doch heute gar nicht mehr. Haben Sie einen Waffenschein für das Teil?"

Dann wählte er eine Nummer, hielt das alte schwarze Brikett ans Ohr und sagte nach ein paar Sekunden: „Peter? Ja, ich bin's, der andere Peter. Was? Nein, mit mir ist alles ok. Du, ich sitze da mit einer Dame, die hat ein echtes Problem. Was? Nein, nicht mit mir. Mit sich. Oder mit jemandem, der … wie soll ich sagen? Peter, tu mir bitte den Gefallen und hör dir an, was die Frau zu sagen hat. Ich glaube, du kannst ihr helfen. Was? Na ja, du kennst ja mein Problem. Sowas ähnliches, würde ich sagen, das liegt jetzt an. Ja, ich denke, dass du da was machen kannst. Wann? Was? Warte mal."

Seghammer deckte mit der rechten Hand das Telefon ab und sagte zur Irmi: „Wann können Sie? Ist Ihnen morgen Abend zu früh?"

Die zuckte nur mit den Schultern, und Seghammer sprach wieder in das alte Plastik-Teil: „ Ja das klappt morgen. Was? Ja, morgen so um sieben, halb acht, abends, das wäre sehr gut, sagt die Dame. Wo? Bei dir? Ok, sag' ich ihr. Ach ja, sie heißt Irmi, Irmi Schirmer. Danke schon mal. Du hast was gut bei mir. Auf bald mal wieder. Servus."

Der Seghammer blickte stirnrunzelnd auf das alte Telefon und sagte: „Kann man das irgendwo ausschalten, oder soll ich es einfach in den See werfen? Morgen Abend um sieben Uhr. Das haben Sie ja gehört. So, den Peter finden Sie in Urschalling, das ist das Dorf gleich auf der anderen Seite der Bundesstraße, den Hügel hoch. Kennen Sie Urschalling?"

Irmi nickte und der Seghammer sprach weiter: „Gut. Also, Sie fahren nach Urschalling rein, an den Mesner Stuben vorbei, und dann sehen Sie rechts beim Dorfbrunnen die Schreinerei Wimmer, das ist die Nummer acht, ein großes, leicht rötlich gestrichenes Haus. Da wohnt der Peter. Er erwartet Sie. Gehen sie da hin? Morgen? Versprechen Sie mir das?"

Seghammer reichte ihr das Telefon und schaute auf seine Uhr: „Ich muss jetzt wieder weg. Ich habe nämlich einen Dackel zuhause, und wenn der um die Uhrzeit nicht raus kann, dann beißt der sich durch die Haustür. Machen Sie es gut, Irmi Schirmer. Ich glaube, es war wichtig, dass wir beide uns hier heute getroffen haben. Es gibt keine Zufälle im Leben. Alles, was wir machen, das steht irgendwo geschrieben. Das habe ich zwar schon mal gesagt, aber daran glaube ich. Auf Wiedersehen."

Seghammer schwang seine langen Beine über den Baumstumpf und klopfte der Irmi leicht auf die Schulter, dann trabte er davon. Die Frau sah ihm nach, bis ihn das dichte Laubwerk der Büsche links und rechts am Weg und die einbrechende Dämmerung zwischen den Bäumen unsichtbar machte.

Rotes Haus? Wo ist hier ein rotes Haus, dachte sich die Irmi am nächsten Abend und fuhr am Urschallinger Dorfbrunnen vorbei und dann nach rechts in die Kieseinfahrt auf den Hof des alten Bauernhauses mit der Nummer 8. Sie schloss ihren alten Golf ab und ging über den schmalen Weg zur Haustür. Auf beiden Seiten des Weges blühten Blumen, und kleine Sträucher, und weiße und blaue Fliederbüsche. Das Haus war sicherlich einige hundert Jahre alt, aber gut in Schuss. Vom Balkon hingen Geranien, und neben der massiven Holztür stand eine alte Bank und daneben eine mattglänzende, große Milchkanne, aus der Efeu wuchs.

Nach dem ersten Klingelton schwang die Tür auf, und ein Mann sagte aus dem Halbdunkel des Hausflurs: „Frau Schirmer? Kommen Sie rein. Haben Sie gut hergefunden?" Der Mann war so um die Fünfzig, mittelgroß und schlank, fast schon hager. Und er hatte so gar nichts Mystisches an sich. Sie gingen durch einen schmalen und langen Flur, in dem ein alter, mit wunderschönen Schnitzereien versehener Irschenberger Bauernschrank stand. Links war die Küche, rechts ein kleines Esszimmer, das ebenfalls mit antiken Bauernmöbeln eingerichtet war. Eine braune und verschrammte Holztreppe führte nach oben, und hinter der Treppe stand eine Holztruhe mit der Aufschrift „1721".

Das Wohnzimmer war klein und gemütlich. Ein grüner Kachelofen links, eine Sitzgruppe rechts, und an einem der beiden Fenster standen zwei alte, braunlederne Ohrensessel. Der Mann zeigte auf einen der beiden Sessel und sagte: „So, bitte, setzen Sie sich doch. Meine Frau ist auf der Fraueninsel, auf einem Seminar im Kloster. Wir sind also ganz unter uns. Möchten sie einen Tee, oder Wasser, oder einen Apfelsaft?"

„Apfelsaft wäre schön, danke. Warum hat der Herr Seghammer gesagt, Ihr Haus ist rötlich gestrichen? Das ist es doch gar nicht. Ich würde sagen, das ist ein Ocker-Ton, ein bisschen erdfarben, oder?", sagte die Irmi, und während der Mann in der Küche hantierte, sah sie sich im Zimmer um. Alte Bilder hingen an den weißen Rauputz-Wänden. Der Eichenholz-Boden glänzte matt, und auf den Tischen und auf den Fenstersimsen standen Vasen mit frischen Blumen und Töpfe mit blühenden Orchideen. Der Mann kam lächelnd und mit zwei Gläsern in den Händen zurück und sagte: „Den Saft pressen wir selber. Probieren Sie mal. Warum der Peter das mit dem roten Haus gesagt hat? Na ja, der ist farbenblind, der Bursche. Für ihn ist dieses Haus rötlich. Und ich habe ihn immer in dem Glauben gelassen. Schauen sie, es ist doch so im Leben: Sie sehen was als rot, und in Wirklichkeit ist es blau. Ich meine damit, ein jeder sieht die Dinge aus seiner Sicht und bildet sich seine Meinung über das, was er sieht und hört. Das sollte man eigentlich respektieren. Man muss auch andere Meinungen gelten lassen, selbst wenn man selber denkt, der andere liegt daneben. Für einige im Dorf hier bin ich ein Spinner. Andere kommen zu mir, weil sie glauben, ich kann ihnen helfen. Die sehen in mir einen Guru oder sowas. Einen der ins Jenseits schauen kann."

Beide nippten an den Getränken, und dann sagt der Mann: „Ich weiß, was sie jetzt denken. Ich sehe nicht aus wie einer, der sowas macht. Geistheilen und so, meine ich. Das mache ich auch nicht. Ich bin kein Heiler, kein Hellseher und kein Wahrsager. Ich selber, ich mache gar nichts. Weil ich nichts machen kann. Entspannen Sie sich, und dann erzählen Sie mir, was sie auf der Seele haben, was Sie belastet. Dann sehen wir weiter. Was meinen Sie dazu?"

„Ich weiß nicht, ich war noch nie in so einer Situation. Was passiert hier? Wie wollen Sie mir überhaupt helfen?"

„Das weiß ich selber noch nicht, ob ich Ihnen helfen kann oder nicht. Entspannen Sie sich einfach. Ich will nichts von Ihnen, auch kein Geld. Lehnen Sie sich zurück, schließen Sie die Augen und erzählen sie mir, was Sie auf dem Herzen haben. Dann sehen wir weiter. Wir machen hier nichts Magisches und auch keinen Hokuspokus. Aber ich glaube fest daran, dass ein jeder Mensch eine geistige Kraft hat, die ihn beschützt und berät. Einige wenige können mit ihrem Führer oder Engel oder wie man das nennen will, in Kontakt treten. Ich kann das manchmal mit meinem. Und ich kann ihn dann um einen Rat bitten. Manchmal passiert gar nichts, und manchmal bekomme ich sowas wie einen Gedanken in den Kopf gesetzt, und das gebe ich dann weiter. Vielleicht hilft Ihnen der Gedanke, vielleicht auch nicht. Ich kann das nicht beurteilen. So läuft das hier ab, grob gesagt. Aber das hat Ihnen sicher der Peter schon in seinen Worten erzählt, oder? Es kann natürlich auch sein, dass heute gar nichts passiert. Und das nächste Mal auch nichts. Zeit spielt für die da drüben keine so große Rolle mehr. Was meinen sie, wollen wir das so versuchen?"

„Ja", sagte die Irmi, atmete tief durch und nahm einen Schluck von dem Saft. Dann ließ sie sich in den Sessel zurücksinken, schloss die Augen und begann zu erzählen. Nach einiger Zeit schlug sie die Augen wieder auf. Draußen begann es dunkel zu werden, und der Mann ihr gegenüber zündete einige Kerzen an.

Dann sagte er: „Gut. Ich gehe jetzt in meinen Keller. Da habe ich mir einen Raum geschaffen, in dem ich abschalten kann. Bleiben Sie einfach hier sitzen und machen Sie es sich gemütlich. Ich komme bald wieder. Wissen Sie, das, was Sie mir hier erzählt haben, das habe ich schon einige Male in ähnlicher Form gehört. Unsere Toten sind uns nahe, sie sind um uns, und erst wenn wir sie und sie uns loslassen können, dann haben wir unseren Frieden. Das ist sehr wichtig. Haben Sie ein Bild von Ihrem Mann dabei?"

Irmi kramte in ihrer Tasche und zog ein kleines Foto hervor: Bernhard, wie er in seinem Stuhl im Garten saß und in die Kamera lachte. Umgeben von bunten Blumen und Sträuchern, mit einem Baum im Hintergrund.

Wimmer nahm das Foto und sagte: „Ihr Mann an seinem Lieblingsplatz. Gut. Saft und Tee finden Sie in der Küche. Fühlen Sie sich wie zuhause, es wird Sie niemand stören."

Ich bin eingeschlafen, dachte sie sich. Tief und fest weggepennt. Das ist mir schon lange nicht mehr passiert. Sie schlug die Augen auf und sah im Kerzenschein den Mann im Sessel gegenüber, der sie lächelnd ansah. „Es hat jetzt doch ein bisschen gedauert, aber sie haben sich ja gut entspannt, wie ich sehe", sagt er, „ich wollte Sie nicht wecken, aber es ist schon neun Uhr durch."

Dann lehnte er sich zurück und sagte: „Ich glaube, zwischen Ihnen und Ihrem Mann, da war noch viel, das besprochen werden wollte. Ich kann Ihnen keine klare Auskunft geben, aber da ist irgendwas, das Sie finden müssen. Ich meine jetzt kein Testament oder sowas. Ich habe einen Gedanken empfangen, den ich so verstehe, dass ihr Mann alles geregelt hat. Auf seine Weise. Ich weiß jetzt natürlich nicht, was seine Art war, die Dinge zu regeln. Das müssten Sie aber wissen."

„Er hat immer alles genau aufgeschrieben, er war sehr penibel", meinte die Irmi, „aber es gibt keinen Abschiedsbrief. Natürlich liegt bei unserem Notar ein Testament. Das haben wir schon vor zwanzig Jahren gemacht. Aber zuhause? Nein. Da habe ich alle Räume gründlich abgesucht. Daran habe ich selber schon gedacht." Sie schüttelte den Kopf und schaute den Wimmer an. Der meinte: „Fahren Sie jetzt heim. Setzen Sie sich im Wohnzimmer in seinen Sessel und denken Sie über das nach, was heute hier war. Und schauen Sie sich um, mit seinen Augen. Sehen Sie die Dinge in Ihrem Heim so, wie Ihr Mann sie gesehen hat. Und dann gehen Sie schlafen. Heute Nacht werden Sie fest und tief schlafen, denke ich. Rufen Sie mich morgen oder übermorgen an, dann sehen wir uns noch mal, wenn sie das möchten. Das liegt aber ganz bei Ihnen. Ich komme auch gerne zu Ihnen ins Haus, wenn Ihnen das lieber ist. Manchmal empfängt man in der gewohnten Umgebung stärkere Impulse."

Es war schon kurz vor zehn und stockdunkel, als die Irmi zuhause war. Das alte Garagentor knarrte und ließ sich nur schwer zuziehen. Bernhard, dachte sie, du hast immer von einem elektrischen Rolltor gesprochen, aber bestellt haben wir es nie. Dann ging sie durch den Lagerraum, der direkt hinter der Garage war. Hier roch es nach Gemüse, nach Obst und Kartoffeln. Durch die graue Stahltür ging sie weiter in den Flur, knipste einige Lichter an und bog rechts ab in die große Wohnküche. Sie schaltete die Stehlampe hinter dem Esstisch an und setzte sich auf Bernhards Stuhl. Dreißig Jahre hat er hier gesessen. Morgens, mittags und abends, dachte Sie. Morgens, noch vor dem Frühstück, da hat er sich vorne aus dem Laden einen Apfel geholt, den hat er hier am Tisch gegessen und in der Zeitung geblättert, die ich in der Zwischenzeit reingeholt habe. „One apple a day keeps blöde Sprüche away." Das war sein Morgen-Kommentar. Funktioniert hat es nie.

Sie stand auf, ging durch den Hausgang und schob den grauen Vorhang zur Seite, der den Flur vom Laden trennte. Sie stellte sich vor die Theke und besah sich die mit Obst und Gemüse bepackten Regale, die drei Wandseiten einnahmen. Durch das große Schaufenster kam das Licht der Straßenlaternen diffus in den Raum, und draußen, auf der Straße fuhren einige Autos vorbei. Irmi nahm sich einen Boskop aus einer der vielen Holzkisten und ging zurück in die Küche.

Auf Bernhards Stuhl sitzend, biss sie in den Apfel, sah nach oben zur Decke und dachte, jetzt mach was, Bernhard. Ich hab' doch schon überall alles abgesucht, sogar im Keller war ich. Da haben wir noch Kartons rumstehen, in die wir seit mehr als zwanzig

Jahren nicht mehr reingeschaut haben. Du wolltest das alles entsorgen, wegwerfen. Aber du konntest nie was wegwerfen. Zwei oder drei Tage war ich im Keller beschäftigt, Bernhard, aber da war nichts. Dann war ich auf dem Speicher. Wem soll ich deine Modell-Eisenbahn geben, Bernhard? Die jungen Leute, die wissen doch gar nicht mehr, was das ist.

Irmi schaute auf den Apfelrest in ihrer Hand und dachte, wo war ich noch nicht? Im Wohnzimmer, hier drinnen in der Küche, das Schlafzimmer, die Garage, Bad, Toilette, alles habe ich abgesucht. Sogar zweimal. Weil ich mir sicher bin, dass du mir was dagelassen hast, Bernhard. Du wärst nie so gegangen, nie. Was soll ich denn noch machen?

Dann, so gegen elf Uhr, ging sie ins Bett. Der Schlaf kam lange nicht, und die Lichter der Autos, die draußen auf der Straße vorbeifuhren, zeichneten Gestalten und flüchtige Szenen an die Zimmerdecke. Sie legte die rechte Hand auf die andere Seite des Bettes, dorthin, wo er viele Jahre lang gelegen hatte und schlief irgendwann weit nach Mitternacht ein.

Gegen halb vier Uhr morgens fuhr sie schweißgebadet aus dem Schlaf hoch. Ihr Herz klopfte bis zum Hals, und sie versuchte, sich an den Traum zu erinnern. Bruchstücke setzten sich zu einem Bild zusammen: sie waren draußen im Garten, Bernhard und sie. Er saß wie immer auf seinem Stuhl unter dem Baum und winkte ihr zu. Sie wollte zu ihm gehen, aber sie konnte die Beine nicht bewegen, sie kam nicht von der Stelle. Die grelle Sonne blendete sie, und sie wollte eine Hand vor die Augen legen. Aber sie konnte auch ihre Hände nicht bewegen. Sie versuchte, die Augen zu schließen, aber selbst das ging nicht. Die Sonne wurde immer greller, so dass sie den Bernhard fast nicht mehr sehen konnte. Das letzte, was sie von ihm sah, war, wie er ihr immer weiter zuwinkte und stumm die Lippen bewegte, dann verschwand er in der Sonnenglut.

Die Irmi wischte sich den Schweiß aus dem Gesicht und tastete im Dunkeln nach dem Wasserglas auf dem Nachttisch. Dann, nach einem tiefen Schluck, legte sie sich wieder hin und dachte nach. Im Garten, da hatte sie nicht gesucht. Wo denn auch? Er wird dort wohl nichts eingegraben oder auf dem Baum versteckt haben, oder? Und sein Stuhl? Wo kann man an einem Stuhl was verbergen?

Sie wälzte sich hin und her und fiel in einen unruhigen Schlaf, bis kurz vor fünf Uhr. Dann stand sie auf, wickelte sich in ihren alten blauen Morgenmantel und ging barfuß in den blauen, durchgelaufenen Filzpantoffeln in den Garten. Mit wenigen Schritten war sie am Baum und hob den grünen Klappstuhl hoch. Nichts. Dann drehte sie den Stuhl um, und da war es: ein zusammengefaltetes Stück Papier, in einen Gefrierbeutel eingewickelt und mit grünem Klebeband unter der Sitzfläche befestigt. Sie zog das Band ab und lief mit dem Brief in der Plastiktüte zurück ins Haus. Das Gras war klatschnass vom Tau. Diesen Tau hatte der Bernhard mal „die Tränen der Nacht" genannt. Jetzt waren ihre alten Hausschuhe und ihre

Füße nass von den Weinkrämpfen der Dunkelheit, aber das merkte sie gar nicht. In der Küche sank sie auf seinen Stuhl und riss die 3-Liter-Gefriertüte auf. Das Papier im Beutel war feucht und viele Zeilen des handgeschriebenen Bogens waren verlaufen und von blauen Tinten-Flecken durchsetzt. Draußen war es schon hell, trotzdem brauchte sie das Licht der Hängelampe über dem Esstisch. Sie glättete den welligen Briefbogen, und mühsam las sie:

Irmi, meine Liebe und mein Leben,

Ich weiß, Du wirst mir das nie verzeihen, dass ich nicht die Kraft hatte, mit Dir darüber zu reden.
Darüber, dass ich nie der Starke und der Macher war, den Du in mir gesehen hast. Ich kann mit den Schmerzen nicht mehr leben, und es werden mehr werden, wenn ich keine Therapie mache. Deswegen ist es für uns beide so, auf diese Art, besser, glaube ich.
Ich wollte nie ein Pflegefall werden. Und Du auch nicht. Wenn es soweit ist, dann helfen wir uns gegenseitig beim Vorausgehen, das haben wir immer gesagt, weißt Du das noch? Und ich gehe jetzt voraus.
Für Dich ist alles geregelt, das weißt Du. Lass Dich von der Verwandtschaft nicht über den Tisch ziehen. Die sind alle vom Stamme Nimm. Vertraue auf Dich und deine Entschlüsse. Wenn es irgendwie geht, bin ich auch nachher für Dich da. Ich werde sowieso immer um Dich sein, das weißt Du. Auf irgendeiner Wolke oder so.

Meine Asche wird wohl im Familiengrab auf dem Rosenheimer Friedhof liegen, so wie ich die Durchsetzungskraft meiner Geschwister kenne. Auch gut. Obwohl es da, bei den anderen in der Grube, bestimmt nicht viel zu lachen geben wird. Soweit eine Seele was zu lachen hat.

Viel lieber wäre ich, oder besser gesagt das, was nach dem BBQ noch da ist, auf dem Chiemsee zum finalen Schwimmen gegangen. So, wie wir beide das oft gemacht haben, schwimmen, meine ich. Weißt du noch? Aber man kann nicht alles haben. Im Leben nicht, und nachher wahrscheinlich auch nicht.

Ich bin nicht weg, ich bin nur woanders. Und da warte ich auf Dich. Lass dir Zeit. Bei Liebe spielt Zeit keine Rolle.

Bernhard

Geweint hat sie sicherlich bis acht oder neun Uhr, und dabei den feuchtklammen Brief immer wieder gelesen. Dann ging sie ins Bad und machte sich die Haare, schminkte sich und zog ihren guten grauen Hosenanzug an.

Gegen halb zehn Uhr war sie am Friedhof. Den Wagen parkte sie vor der Kapelle, und aus dem Kofferraum des alten Golfs holte sie eine große, blaue Einkaufstasche mit der Aufschrift "Allianz-wir machen den Weg frei".

Mit schnellen Schritten ging sie zum Grab und zog eine kleine Gartenschaufel aus der Plastik-Tasche. Die Urne war schnell ausgegraben. Dann stellte sie den schwarzen, erdverklumpten Behälter vorsichtig in den Allianz-Beutel und schüttete das Loch an der Grabstelle wieder zu. Jetzt noch ein paar Klapse mit der Schaufel, dann musste das grottenhässliche Blumengesteck noch etwas verschoben werden, und absolut nichts deutete darauf hin, dass sich eine Urne heute Sonderurlaub nahm.

Um halb elf war sie schon am Chiemsee. An der Stelle, an der sie beide immer auf dem Baumstamm gesessen und den See und die Wolken und die Berge bewundert hatten.

Von dem Haufen mit Schnittholz und Baumabfällen, der auf der anderen Seite des Waldweges war, suchte sie ein besonders schönes Rindenstück heraus und klopfte es an ihrer Hose ab. Dann nahm sie vorsichtig die Urne aus der Tasche und schraubte den Deckel auf. Vorsichtig schüttelte sie die Asche langsam auf das gebogene Rindenstück und hob es dann behutsam auf die Wasseroberfläche.

„Jetzt bist du da, wo du hin wolltest. Mach's gut, mein Bernhard. Und warte auf mich."

Dann gab sie dem Rinden-Schiffchen einen sanften Stoß und setzte sich auf den Baumstamm. Langsam glitt das kleine Boot aus dem Uferschilf ein paar Meter in den See hinaus.

Irmi schaute zum Himmel und sah über den Bergen auf der anderen Seite des Sees eine besonders große Wolke, hinter der plötzlich Farbstreifen auftauchten. Rote und gelbe, und in der Mitte der mächtigen Wolke, da war ein goldenes Licht, wie wenn eine Sonne dahinter scheinen würde. Oder wie kurz vor einem Gewitter.

Dabei sollte es doch so ein schöner Tag werden, heute.

Alle Wege führen zum Chiemsee

Jetzt hör dir bloß mal den Kerl im Radio an. Diese nuschelige italienische Nöl-Stimme. Da singt der Knabe was von ragazza...matrazza...,quäkt von irgendwas, das dir bei Vollmond an der Fontana di Trevi passieren kann. Oder in Capri, wenn die rote Sonne hinter den Bergen versinkt. Aber wohl kaum in der Innenstadt von Osnabrück, oder? Und das um vier Uhr in der Früh. Mann. Wie heißt der Bursche doch gleich wieder? Warte mal...Eros...Eros soundso, irgendwie wie dieser Schnaps, glaube ich. Ist ja auch egal.

Karger drehte das Autoradio leiser und sah zu seiner schlafenden Frau hinüber. Aus ihrem offenen Mund kam leises Schnarchen. Sie hatte den Kopf an die Scheibe gelegt, und hing leicht verdreht und schräg im Sicherheitsgurt. Karger grinste und dachte, was soll's, ich liebe sie, so wie sie ist, auch wenn sie schnarcht. Wir sind beide urlaubsreif. Ich sowieso, weil ich die Steuerprüfung gut hinter mich gebracht habe.

Mann, den Prüfer hättest du sehen sollen. Klein, mit Brille und Schuppen im Resthaar, verbittert und streitsüchtig. Hat sich in Spesenquittungen verbissen wie ein Terrier in einen Kotelett-Knochen. Aber was soll' s, Bruder, ich bin mit schlappen dreihundert und ein paar Euro Nachzahlung und vier Eintrittskarten für das Marianne &Michael-Konzert davon gekommen. Zack, die Bohne.

Ja, und meine Frau, die ist einfach fertig mit der Welt. Zugegeben, das war ein hartes Jahr. Auch für sie. Der Urlaub jetzt, das werden echte Seelenwaschtage für uns beide, das hatte Karger ihr versprochen. Wirst schon sehen. Lass mich nur machen.

Kurz vor sechs Uhr, auf der A44 bei Kassel: Karger blinzelte in den Rückspiegel. Da drohte schon wieder einer mit Fernlicht. An, aus. An, aus. Ein Porsche, na klar. Karger zog nach rechts, und der weiße 911er rauschte im düsteren Morgenlicht an Kargers grauem Passat vorbei. Der Porschefahrer, ein schnauzbärtiger Silberrücken, zeigte ihm im Vorbeidröhnen den Mittelfinger, und Karger dachte sich, dann fahr doch zu, du dämlicher Kampfpenis. In den ersten tastenden Strahlen der aufgehenden Sonne tauchte wenig später ein Schild rechts neben der A7 auf: Fulda 20 Kilometer.

Jetzt muss man sagen, dass die Kargers seit dreißig Jahren verheiratet sind, und in einem schmucken Haus in Hasbergen-Gaste wohnen. Wo das ist? Es gibt Leute, die sagen, dass Osnabrück ein Vorort von Hasbergen-Gaste ist. So kann man das vielleicht am besten erklären.

Zu erwähnen wäre auch, dass Frau Karger eigentlich an den Chiemsee wollte. Schon immer. Seit eben diesen dreißig Jahren nervt sie mit ihrem Chiemsee. Da verstehen wir die Sprache und können die Speisekarten lesen, sagte sie. Und weil wir gerade von Speisekarten reden: meine Großtante Sieglinde, die seit was weiß ich wie vielen Jahren beim Hafenwirt in

Seebruck arbeitet. Jetzt überleg' bloß mal, was die uns helfen könnte, wenn's um ein Haus oder eine Wohnung geht.

Aber Karger meinte, Schatz, lass mich das managen, wir fahren dieses Jahr an den Gardasee. Das ist wettersicher, und da gibt es auch alles das, was wir gerne essen. Und die italienischen Speisen-Karten, die lese ich mit links.

Darauf sie: So? Du und Italienisch? Ehrlich jetzt? Dann sag mir doch bitte mal, was heißt denn Spaghetti auf Italienisch? Und Karger grinste und meinte: Miracoli? Nein, warte, ich hab's: Nudolo, stimmt's?

An den Chiemsee, das können wir immer noch, wenn wir in Rente sind, und das ist ja schon in schlappen zehn Jahren, dachte Karger, aber jetzt fahren wir erst mal an den Gardasee. Da kann sich die alte Schnecke auf den Kopf stellen und La Paloma pfeifen, das ist mir wurscht. Der Chiemsee kann warten.

Wie dem auch sei, zurück auf Anfang: Die beiden packten also ihren fünf Jahre alten VW und fuhren so um vier Uhr morgens los. Karger hatte Putenfilet-mit-Tomatenscheiben-Sandwiches und zwei Thermoskannen in der blauen Kühltasche auf dem Rücksitz. Eine rote Kanne mit kaltem Tee, und eine orange-farbene mit etwas Brühe, in der er zwei Vivinox-Schlaftabletten aufgelöst hatte. Karger konnte nach langem Autofahren nicht abschalten und nur schlafen, wenn er seine Vivinox nahm. Das wusste er. Am Stück schlucken wollte er die Dinger aber nicht, da musste er immer husten. Hatte wohl was mit einer familienbedingten Enghalsigkeit zu tun. Egal.

Auf jeden Fall, von Hasbergen bis zum Gardasee, das sind schon ein paar Kilometer. Dummerweise bekam Frau Karger kurz hinter Paderborn schon einen mächtigen Durst und tastete im Halbdunkel nach hinten in die Futter-Tasche. Natürlich erwischte sie die orange-farbene Kanne, nahm ein paar große Schlucke und sagte: „Da kannst du sagen, was du willst. Lauwarme Brühe, das ist was, an das ich mich nie gewöhne. Hast du nicht gesagt, wir hätten Eistee dabei?"

Karger verdrehte die Augen und meinte: „Ist schon gut. Du hast soeben meine Vivinox geschluckt, du Schaf. Ich seh' dich dann später."

So gegen zehn Uhr setzte Karger den Blinker und fuhr von der A 99 ab auf die Raststätte Vaterstetten. Frau Karger öffnete ein Auge, dann das andere und murmelte: „Sind wir schon am Chiemsee?"

Karger rieb sich die Müdigkeit aus den Augen und sagte: „Bei München, meine Liebe, wir sind in der Nähe von München. Schlaf noch ein bisschen. Wir müssen nur schnell tanken, ich vertrete mir dann ein bisschen die Füße und dann geht's zügig weiter. Bella Italia wartet. Musst du auf's Klo oder sowas?"

„Von was denn?", sagte sie, schloss wieder die Augen und schlief übergangslos wieder ein.

Eine knappe Stunde später, auf der Höhe des Inntal-Dreiecks wurde Frau Karger dann wieder wach und sagte: „Ich habe Hunger. Kann man die Sandwiches von da hinten essen, oder sind die auch mit Schlaftabletten versetzt?" Karger verfiel in beleidigtes Schweigen. Wenn du gar nichts sagst, dann strafst du sie viel mehr, dachte er sich. Dem Sekundenschlaf nahe starrte er durch die staubige Frontscheibe und fluchte lautlos über die vielen LKW.

Gegen vier Uhr am Nachmittag fuhr Karger dann endlich und ziemlich langsam über die Via Cesare Arici in Sirmione am Gardasee. Palmen und blühende Büsche standen am Straßenrand, und aus dem Navi kam die Stimme einer völlig desinteressierten Frau: „Sie haben ihren Zielort erreicht."

„Wo denn? Hmh?", sagte Karger zu der Maschine im Armaturenbrett, und zu seiner Frau: „Falls du zufällig wach sein solltest, schau doch auch mal ein bisschen mit, ja? Hotel Villa Cortese. Da müssen wir hin. Das muss hier irgendwo sein."

„Da. Das da vorne rechts, das ist es. Steht doch groß auf dem Schild. Sieht aber ziemlich schäbig aus, dein drei-Sterne-Hotel", meinte Frau Karger.

„Das ist nicht schäbig, das ist antik. So was mögen die hier. Und drei Sterne in Italien, das ist schon was. Im Internet hat es jedenfalls super ausgesehen. Und außerdem, das Zimmer hat Seeblick, das haben die mir in der Reservation bestätigt. Und das hier draußen? Das ist geschichtliche Patina. Der Atem der Jahrhunderte. Hier inhalierst du die Historie und die

Tradition Italiens. Hier war schon Cäsar mit seinen Legionen."

Das sieht man. Attila, der Hunnenkönig war auch hier. Und seitdem hat hier keiner mehr sauber gemacht, dachte Frau Karger, sagte aber nichts. Herr Karger fuhr über den knirschenden weißen Kies der Einfahrt und steuerte den Passat in eine Lücke zwischen einem Maserati mit Mailänder Nummer und einem Trabbi aus Bitterfeld. Ansonsten war eher die automobile Mittelklasse vertreten. Die abgetretenen grauen Marmorstufen zur Eingangshalle waren bekleckert mit Taubenkot, es roch nach Zwiebeln und Knoblauch. Karger ging durch die ziemlich plüschig wirkende Hotel-Lobby, klopfte seine Jackentaschen ab und sagte über die Schulter zu seiner Frau: „Gib mir mal die Reservierungsbestätigung. Die ist in dem kleinen blauen Beutel, den ich dir heute früh noch gegeben habe."

„Welcher kleine blaue Beutel? Du hast mir heute früh gar nichts gegeben."

Karger verdrehte die Augen und atmete tief aus. Mann, jetzt schau' dir diese Frau an, dachte er. Die weiß gar nicht, wie man „Unrechtsbewusstsein" schreibt. Und verzieht keine Miene. Irgendwann erwürge ich sie. Egal. Selber schuld. Hätte ich doch bloß auf meine Mutter gehört. Die hat immer gesagt, Bub, hat sie gesagt, sobald du mit der da verheiratet bist, zeigt sie ihr wahres Gesicht. Und dann: gute Nacht. Ich hab zwar gemeint, Mama, meine zukünftige Frau und ich, wir kennen uns doch schon seit über zehn Jahren, so viele Gesichter kann die doch gar nicht mehr in Reserve haben, oder? Aber, der Mensch irrt, solange er lebt.

Er schlug mit der rechten Hand auf den Klingelknopf und suchte mit der Linken seine Innentaschen ab. Keine Reservierungsbestätigung. Macht nichts. Geht auch so. Muss eben auch so gehen, Basta.

Ein älterer kleiner Italiener in schwarzer Hose und weißem Hemd mit einer roten Weste darüber kam aus einem Raum hinter der Theke gewuselt: „Prego?"

„Io el Signore Karger de Alemannia, e das da", damit deutete Karger mit dem Daumen auf seine Frau hinter sich, „este mio Dings, Mariposa, oder wie heißt das mit Ehefrau auf Italiano?" Und zu seiner Frau: „Wie sage ich dem Zwerg da, was Ehefrau auf italienisch heißt? Könntest du bitte außer schlafen auch mal was machen? Ja?"

„Moglie", sagte der Zwerg hinter dem Tresen, „Ehefrau heißt Moglie. Mit mir können Sie ruhig deutsch reden, mein Herr, ich habe in Heidelberg studiert. Schöne Stadt, gutes Essen, kultivierte Leute. Aber Sie sind nicht aus Heidelberg, wie ich annehme, oder? Was darf ich denn für Sie tun?"

„Äh ja. Das ist ja gut, dass wir uns verstehen", meinte Karger und wischte sich ein paar imaginäre Fussel vom Revers seiner grauen Jacke, „Ich habe ein Doppelzimmer mit Seeblick reserviert. Karger mein Name. Und meine Frau heißt auch so. Herr und Frau Karger, zusammengefasst. Aus Hasbergen-Gaste."

Der Portier blätterte in einem großen schwarzen Buch und setzte eine Brille mit dicken Gläsern auf: „Ja, da haben wir ein kleines Problem, wie ich hier sehe." Über seine Brille schaute er Karger an und meinte: „Sie hätten die Reservierung bestätigen müssen. Das haben Sie aber nicht getan. Hier habe ich Ihre Anfrage, und da habe ich unsere Antwort. Mit der Bitte um Bestätigung. Das haben sie aber nie gemacht."

„Wie? Was habe ich nie gemacht?" Karger legte beide Hände auf die Theke und blickte auf den Südländer herunter: „Mein lieber Mann, jetzt hören sie mal gut zu: Wir sind seit heute früh um vier Uhr unterwegs, ja? Und ich bin müde und hungrig. Und die Reservierungsbestätigung, die habe ich irgendwo im Auto da draußen. Jawoll. Und entweder, Sie geben mir jetzt das Doppelzimmer mit Seeblick, oder Sie holen Ihren Chef, und dann werde ich dem mal sagen, wie wir in Deutschland mit sowas umgehen. Das können Sie sich aber gerne mit anhören, wenn Sie wollen."

Der kleine Mann sagte: „Moment". Dann ging er durch die Tür hinter der Theke, durch die er gekommen war, drehte sich um, war mit drei Schritten wieder am Tresen. Dort beugte er sich zu Karger hinüber, starrte ihn finster an und sagte: „Ich bin hier der Chef. Das hier ist mein Hotel. Sie sind anscheinend Touristen aus Deutschland. Ich habe gehört, Sie haben eine Beschwerde, mein Herr?"

Frau Karger sagte zum Rücken ihres Mannes: „Du schaffst es auch immer wieder, was?"

Und Herr Karger meinte: „So, jetzt atmen wir alle mal richtig durch, und dann bitte ich Sie ganz höflich um mein Zimmer. Meinen Sie, wir können das so machen?"

Der sichtlich gekränkte Italiener schaute wieder in sein Buch um sagte: „Tja, aber das wird eng. Sie haben die Buchung nicht bestätigt, und wir haben zur Zeit einen Kongress hier in Sirmione. Einen Zwergenkongress, übrigens. Sie verstehen? Gut. Und die Chefzwerge, die haben hier alle Zimmer reserviert. Mit Reservierungsbestätigung, wie das unter uns Zwergen so üblich ist. Aber warten Sie, ich glaube, ich kann Sie noch unterbringen. Das tue ich aber nur für Ihre reizende Signora hier. Nur damit das klar ist, ja?" Ein boshafter Blick über die Brillengläser aus verhangenen italienischen dunklen Augen.

Karger nickte ergeben, seufzte tief, und seine Frau trat ihm von hinten an die linke Wade.

„Der Seeblick in diesem Zimmer ist, wie soll ich sagen, vielleicht ein bisschen eingeschränkt, aber durchaus schön. Möchten Sie das Zimmer, oder wollen Sie es woanders versuchen?"

„Wir nehmen es", sagte Frau Karger über die Schulter ihres Mannes hinweg, der einen tiefroten Kopf bekam und nur nicken konnte.

„Dann holen Sie bitte Ihr Gepäck, ich zeige Ihnen dann das Zimmer. Unser Restaurant ist heute aber leider schon ausgebucht. Das würde Ihnen sowieso nicht schmecken, was wir Zwerge diesen anderen Zwergen so servieren, nicht wahr?" damit schaute der kleine Mann Herrn Karger an, schob sich die Brille auf die Stirn und grinste ziemlich hämisch.

Drei Minuten später auf dem Zimmer: Karger stellte die zwei großen Samsonite-Koffer neben dem Bett in dem ziemlich kleinen und muffigen Zimmer ab, streifte sich den Rucksack von der Schulter und schaute sich nach seiner Frau um. Die stand vor dem Hotel-Chef neben dem dunkelbraunen Einbau-Kleiderschrank und zuckte mit den Schultern. Der kleine Italiener, der irgendwie wie dieser amerikanische Schauspieler aussah, wie heißt der doch gleich, dachte Karger? Warte mal … Daniel, nein, Danny? Ja, genau … .Danny de Vito, der hatte natürlich nichts getragen. Kein Stück. Klar, dass diese Italiener alle so klein sind, dachte sich Karger während er sich gottergeben in dieser winzigen Erdgeschoss-Besenkammer umsah. Wenn diese Eingeborenen erst mal so groß sind, dass sie nicht mehr in die Windeln machen, ohne fremde Hilfe laufen und zusammenhängende Sätze in ihren kleinen Köpfen verarbeiten können , dann sagt ihre Mama zu ihnen: Bambino, wenn du groß bist, dann musst du arbeiten. Das verstehen diese Knirpse, und dann hören sie einfach auf zu wachsen. So läuft das hier.

Jetzt wuselte der Kleine an den beiden Kargers vorbei und öffnete die Glastür zu dem winzigen Balkon. Er ging vor zum Geländer, beugte sich weit über die Brüstung und schaute nach links. Dann winkte er Karger zu sich und sagte: „Schauen Sie nur, da ist der Gardasee. Sie müssen sich nur ein bisschen hier herüber beugen, und dann scharf nach links gucken. Sehen sie? Schön, nicht wahr?"

Karger tat, wie ihm geheißen und sah einen Altglascontainer direkt unter sich, und dann, daneben, einen Stapel mit leeren Kartons. Die bewegten sich. Karger starrte nach unten und bemerkte, dass sich da vier oder fünf Katzen um einen ziemlich großen Fischkopf stritten. Außerdem hörte man aus dem Souterrain Töpfe klappern, Leute laut sprechen und Teller klirren. Die Küche, wie schön. Genau unter dem Zimmer. Na super. Jetzt trat ein Inder oder Pakistani aus der Küchentür, zündete sich eine Zigarette an und winkte lässig zu Karger hoch.

Der Hotelchef grinste, wünschte den beiden einen schönen Abend und ging. An der Zimmertür drehte er sich um und sagte: „Das mit der Anmeldung und so weiter, das können wir später machen."

„Warum sind wir nicht an den Chiemsee gefahren? Was hast du eigentlich gegen die Bayern? Die Sieglinde hätte uns mit Sicherheit schönere Zimmer organisiert", sagte Frau Karger und dann: „Ich habe Hunger. Mach was." Karger ließ sich aufs Bett plumpsen und verschränkte die Hände hinter dem Rücken. Dann meinte er: „Ich? Ich habe was gegen die Bayern? Gar nichts. Im Gegenteil, ich liebe die Bayern. Von mir aus könnte jeder einen haben. So, und jetzt pass' mal auf: Wenn die hier glauben, dass ich mich von sowas unterkriegen lasse, dann haben die sich alle getäuscht. Jetzt mach' dich mal ein bisschen frisch, oder was ihr Mädels so mit euch anstellt, und dann gehen wir so richtig schick was essen."

Eine gute Stunde später: Im Restaurant „Il Giardino" direkt am See, versteht sich. Da saß um diese frühe Abendzeit außer den Kargers keiner. Italiener essen später, und für den Normal-Touristen war das hier wohl zu teuer, wie Karger nach einem Blick in die Karte meinte. Sie bekamen einen Tisch zugeteilt, der unter den Weinreben die letzten Strahlen der Sonne ahnen ließ. Der See lag fast direkt vor ihnen, und der Kellner in seinem schwarzen Anzug spähte Frau Karger unverhohlen in den Ausschnitt.

„Karte in Deutsch, si?", lispelte er und blinzelte Frau Karger zu. Dann fegte er mit einer blendend weißen Stoff-Serviette über den Tisch, breitete sie theatralisch aus und legte sie Frau Karger auf den Schoß. Dabei brachte er sein Gesicht gefährlich nahe an ihr rechtes Ohr.

Karger sagte: „Nein. Wir wollen eine Carta Italiano, prego? Klar?" Der Kellner grinste unverschämt und sagte in reinstem Deutsch: „Sie wollen eine italienische Landkarte, mein Herr? Aber gerne. Wollen Sie und die bella Signora vorher noch schnell was essen?"

Übertreib es nicht, Junge, sonst gibt's gleich eine auf die Cannellonis, dachte Karger, rang sich aber ein höfliches Lächeln ab und sagte: „Was würden Sie uns denn empfehlen, oder essen Sie lieber woanders?"

„Prego, wir haben Seezunge, dann…einen wunderbaren Red Snapper, und natürlich Garnelen. Oder mögen sie lieber Krebsfleisch? Als Vorspeise würde ich ein Vittello Tonnato empfehlen, und natürlich unsere gegrillten Auberginen in Knoblauch mit Tintenfischringen. Oder wissen Sie was? Ich lasse Ihnen von unseren Köchen ein Menü zusammenstellen. Ein bisschen was von allem. Sowas mag auch Ihre Bella Signora…ein bisschen was von allem, oder?"

Ich hau' dich aus dem Anzug, dachte Karger, sah aber das verzückte Lächeln seiner Frau und sagte: „Genau. Das machen wir. Und die Weine, die stellen Sie uns dann auch passend zusammen. Ein bisschen was von allem, ja?"

Der Kellner verschwand und Frau Karger griff über den Tisch nach der Hand ihres Mannes: „Das hast du richtig gut gemacht. Wie du mit diesen Leuten umgehen kannst, das fasziniert mich immer wieder."

Jetzt stelle sich einer das Menü vor. Mein lieber Scholli: Zuerst natürlich das geschmorte Gemüse in Knoblauch, und was weiß ich. Sowas brauchen die einfach, diese Italiener. Dann: Paglia i fieno, das heißt auf Germanisch wohl sowas wie „Stroh und Heu", das sind zu Nestern gerollte grüne und gelbe Bandnudeln, in diesem Fall mit gedünstetem Krebsfleisch in Buttersauce mit frischen Kräutern. So, und danach: Caramelle mit Trüffeln gefüllt. Wow. Das hat natürlich nichts mit Kamelle aus dem Kölner Straßenkarneval zu tun, sondern das sind so putzige kleine Teigtäschchen in Bonbonform, gefüllt mit irgendwas. Hier und heute mit Steinpilzen und schwarzem Trüffel. Zum Niederknien. Super. Na ja, und jetzt ging's erst richtig los: Vitello Tonnato. Kennt man. Mag man. Und jetzt: Kalabrische Artischocken-Lasagne mit geschmortem Aal. Und dann: Garnelen in Limonenbutter. Dann etwas Seezunge, und zum Schluss ein kleines Filet-Steak mit Morcheln. Dazu: drei Flaschen Bardolino-Rosé, eiskalt, und zum Käse Rotwein, und dann, zu den obligaten Dulces noch eine halbe Flasche von dem ungemein süffigen Vecchia Romagna, Italiens Brandy Nummer 1. Wenn man schon mal da ist, dann lassen wir es auch richtig knacken, was, Bruder?

Bei der Seezunge sagte Karger übrigens: „Das erinnert mich jetzt so ein bisschen an die Fischstäbchen, die meine Mutter am Freitag immer für mich gemacht hat. Exakter ausgedrückt: Fischstäbchen und Pommes. Das gab's bei uns immer am Freitag. Und am Mittwoch immer Miracoli. Ich hatte eine schöne Kindheit, muss man sagen. Ja, schon." Dann kaute er nickend auf seinem Fisch und schaute verträumt auf den See hinaus.

Und Frau Karger sah ihren Mann bestürzt an und meinte, während sie vorsichtig ein Stück von der herrlichen Seezunge auf die Gabel nahm: „Das ist jetzt nicht dein Ernst, oder? Wir sitzen hier in Italien am Gardasee, unter wildem Wein, die Sonne geht unter, und du kommst mir hier mit deiner behämmerten Mutter? Ich frage mich bloß, warum du nicht deine

Mutter geheiratet hast. Dann könntest du heute noch bei ihr in der Küche sitzen und Fischstäbchen mit Miracolis essen. Ich fasse es nicht. Das muss ich mir erst schöntrinken." Dann nickte sie dem Kellner zu, der sofort eine neue Flasche von dem wunderbaren Wein brachte.

Was soll ich sagen? Die beiden Kargers haben sich beim Verlassen der See-Terrasse gegenseitig gestützt, sonst hätte man sie wohl raustragen müssen. Und das Personal, das war von der Aufnahmefähigkeit der beiden dermaßen beeindruckt, dass die vier Kellner und die drei Köche ein Spalier bildeten und spontan in die Hände klatschten. Sogar der indische Spüler schaute aus der Küche und wackelte grinsend mit dem Kopf. Und das will bei so einem Inder schon was heißen.

Später, im Hotelzimmer, legte Karger seiner Frau, die stöhnend neben ihm im Bett lag, vorsichtig die Hand auf den Bauch. Sie sagte: „Nein. Aus. Pfui. Heute nicht." Und er: „Ich wollte ja bloß …"

Sie: „Was auch immer. Denk nicht mal dran. Ich bin heute wegen Überfüllung geschlossen."

Karger sagte: „Na ja, das ist ja wenigstens mal was anderes wie diese ewigen Kopfschmerzen, die du sonst immer hast. Gute Nacht."

Und sie: „Auch eine gute Nacht. Nimm die Hand da weg, und wenn's ein Notfall ist: fang schon mal alleine an. Ich komme dann morgen früh dazu."

Karger meinte:„Darf ich dich wenigstens ganz kurz küssen, ja?"

Und sie: „Ja meinetwegen. Aber ohne Zunge. Weil, wenn ich jetzt noch ein einziges Stück Fleisch in den Mund oder sonst wohin kriege, dann garantiere ich für nichts."

Karger seufzte, drehte sich um und fiel in einen unruhigen Schlaf. Bald träumte er von einem brennenden Hotel, von lautem Krach und dann von Sirenen. Von Feuerwehr-Sirenen, die immer näher kamen. Im Traum überholte ihn ein rotes Feuerwehr-Auto, mit Blaulicht und Sirene, und aus dem Beifahrerfenster grinste der Kellner aus dem „Il Giardino" und zeigte Karger die rechte Hand, mit ausgestrecktem Zeige- und kleinem Finger, die „Mano cornuta". Das heißt so viel wie: ich bumse deine Frau.

Karger grinste im Traum und dachte, dann bist du schon mal weiter als ich, mein Lieber, ich hab's heute nämlich nicht geschafft. Dann fuhr er plötzlich aus seinem Traum hoch. Sein Herz raste, und Schweiß rann ihm über das Gesicht. Die Sirene heulte immer noch. Für vielleicht zwanzig Sekunden, dann war Stille. Karger saß aufrecht und klatschnass im Bett und blickte im Halbdunkel zu seiner Frau, die leise schnarchend neben ihm lag. Ansonsten herrschte Stille, absolute Stille. Dann hörte er draußen vor dem Balkon hastige Schritte auf dem Kies, die aber schnell leiser wurden. Karger grinste und dachte: Wow, da hat sich einer den Maserati vorgenommen. Selber schuld, das hat man jetzt davon, wenn man so eine Kiste fährt. Wahrscheinlich sind morgen früh die Reifen weg, oder das Radio, oder was weiß ich.

Meinen Passat oder den verkackten Trabbi daneben, den rührt keiner an. Tja, Junge, das wird ein böses Erwachen, dachte sich Karger und schlich sich in die Toilette. Irgendwo hier müssen doch die Aspirin sein, oder?

Am Morgen, so gegen halb sieben Uhr wurde Karger wieder wach. Sein Kopf dröhnte, ihm war schlecht und er versuchte sich zu erinnern, wo er überhaupt war. Das Klopfen wurde lauter und schmerzte mit jedem Schlag. Karger öffnete die Augen. Das Klopfen war immer noch da. Der Kopfschmerz auch. Jetzt war auch eine Stimme zu hören: „Hallo? Signore? Policia! Hallo? Aprire le porte, Signore, pronto!"

Karger zog sich die Unterhose hoch und taumelte zur Tür. Draußen standen zwei Polizisten , die in ihren Uniformen aussahen wie Operetten-Soldaten. Hinter ihnen stand der zwergenwüchsige Hotel-Besitzer. Der rechte Operetten-Held, der mit dem Schnauzbart und der Ray-Ban-Sonnenbrille und das um halb sieben Uhr in der Früh, das musst du dir jetzt mal vorstellen, der sagte: „Haben Sie eine Passat-Auto mit deutsche Kennzeichen? Ja?"

Karger nickte, und der Opern-Star sagte: „Meine viele Beileid. Kommen Sie gucken, ja?"

Karger sagte: „Momento, si?" und verschwand im Zimmer. In der Eile stieg er in die Jeans seiner Frau, die ihm natürlich ein paar Nummern zu klein war. Prompt fiel er auf das Bett, seine Frau wurde wach und sagte mit verschlafener Stimme: „Das ist meine Hose. Machst du jetzt einen auf Transe, oder was?"

Karger hielt sich den Zeigefinger an die Lippen und deutete zur Tür. Dann kletterte er in seine Hose und grabschte nach seinem Hemd. Die beiden Polizisten und der grinsende Zwerg waren aber schon weg und auf dem Weg zum Parkplatz. Karger stolperte hinterher und stopfte sich das Hemd in den Hosenbund. Dann hielt er sich an einer der Säulen vor dem Eingang fest und schlüpfte barfüßig in die Schuhe. Jetzt nicht nach vorne beugen, Junge, sonst kannst du dich mit deinem Abendessen unterhalten. Karger schluckte und kämpfte gegen die aufsteigende Übelkeit an. Die beiden Polizisten und der Gnom standen schon vor seinem Passat. Vor den Überresten seines Passats, besser gesagt. Die vier Räder waren nämlich weg und das Auto stand auf Ziegelsteinen. Die Fahrertür stand weit offen. Die Motorhaube und der Kofferraum ebenso. Das Lenkrad fehlte, auch Teile des Armaturenbretts waren irgendwie nicht mehr da. Kurz gesagt, Kargers geliebter Passat war nur noch ein Wrack. Einer der Polizisten sagte: „Das muss eine Menge, wie sagt man ... un rumore forte ... Krach ... gemacht haben, eh'? Haben sie nichts gehört?"

„Doch, schon, so gegen drei oder halb vier", sagte Karger und strich sich die Haare aus der Stirn, „da habe ich eine Sirene oder sowas gehört. Aber das war nur kurz, dann war wieder Ruhe."

„Si, si", meinte der Zwerg, „das waren ladri professionisti, Profis. Die haben erst Krach gemacht bei dem Maserati. Dann bin ich rausgelaufen, dann habe ich den Dottore geweckt, dem der Maserati gehört, dann sind die ladri weggelaufen und später leise zurückgekommen. Das tut mir leid um Ihr Auto, Signore Karger."

Aber der hörte gar nicht so richtig, was da rings um ihn gesagt wurde. Er schaute abwechselnd zu dem blau-weißen Polizei-Auto, und zu seinem jämmerlich aussehenden Passat. Karger bekam auch nicht viel von der in rasend schnellem Italienisch geführten Unterhaltung zwischen den beiden Operetten-Polizisten und dem Hotelbesitzer mit. Das alles spielte sich für ihn wie unter Wasser ab. Er sah die drei Männer an, die gleichzeitig redeten und dabei mit den Händen gestikulierten wie Jongleure, die sich die Worte wie unsichtbare Bälle zuwarfen. Einer der Polizisten holte was aus dem Streifenwagen. Ein großes schwarzes Klemmbrett mit einem Formular drauf. Das füllte er aus, fragte zu den einzelnen Punkten aber nicht Karger, sondern den Hotelbesitzer. Der zeigte auf Karger, sein Hotel und den See und redete mit hochgezogenen Schultern. Der zweite Polizist sprach jetzt in sein Handy. Dann machte er mit ebendiesem Handy Fotos von Kargers ehemaligem Auto. Schau dir diese Burschen an, wie die das machen. Cool wie Kojak.

Kargers Ohren wurden plötzlich wieder frei, und er hörte, wie der eine Polizist zu ihm sagte: „Was für eine Versicherung haben Sie? Sind Sie in einem Automobilclub? Was soll mit dem Auto passieren?

Unterschreiben Sie erst einmal hier unten. Da."
Damit klopfte er mit seinem goldglänzenden Kuli
auf das Papier.

Karger sagte:"Was?" Und der Hotelzwerg nahm
das Klemmbrett, hielt es Karger unter die Nase und
sagte: „Hier. Da. Unterschreiben Sie. Da, bei dem
Kreuz. Den Rest machen wir drinnen."

Karger unterschrieb wie in Trance, bekam eine
Kopie des Berichts, dann klopften ihm die bei-
den Polizisten auf die Schulter und stiegen in ihren
Wagen. Der Hotelbesitzer sagte: „Kommen Sie, ich
mache Ihnen jetzt einen Espresso, dann rufen wir
Ihre Versicherung an."

Nach zwei Espressi war Karger in der Lage, mit
der Welt zu kommunizieren. Ruf den ADAC an,
Junge, du zahlst doch seit über dreißig Jahren pünktlich deine Mitgliedsgebühr und hast den Verein
noch nie um Hilfe gebeten. Na ja, du warst ja auch
noch nie am Gardasee. Wer wollte überhaupt hierher? Ja gut, das war ich. Stimmt schon. Aber warum
überhaupt? Karger schaute in die kleine Tasse in seiner Hand, roch an dem schwarzen Schaum, und da
fiel es ihm wieder ein: Klar, George Clooney, der ist
schuld. Der macht doch im Fernsehen Reklame für
diese Espresso- Maschinen. Die, in denen man diese
kleinen Aluminium-Hütchen in eine kleine schwarze
Kiste steckt. Dann drückt man auf einen Knopf, und
dann fliegt irgendwo am Gardasee ein Klavier aus
dem Fenster. Bumms, aus dem zweiten Stock oder so,
und direkt auf die Straße, da wo George gerade geht.

Im schwarzen Anzug, mit weißem Hemd, am Kragen offen, ohne Krawatte. Mit seiner dämlichen Espresso-Maschine unter dem Arm. Aber das beknackte Klavier fällt nicht auf George, nein, Gott bewahre, denn der steht am Bürgersteig, grinst und trinkt seinen Espresso. Woher hat er den so plötzlich? Den Espresso, meine ich. Keine Steckdose weit und breit. Egal, auf jeden Fall sagte seine Frau: Gut, du hast Recht, wenn du willst, dann fahren wir da hin, an den Gardasee. Da will sie dann plötzlich auch hin, Junge. In ein Land, in dem Klaviere aus dem Fenster fliegen. Karger stellte die Tasse ab, nahm den Telefonhörer, den ihm der Zwerg mit einem mitleidigen Begräbnis-Lächeln reichte und wählte die Nummer des ADAC in München, die er in seiner Geldbörse hatte.

Warteschleife. Dann eine Frauenstimme, die flötet:" Hier ist Ihre schnelle Hilfe. Leider sind im Moment alle Plätze belegt. Der nächste freie Mitarbeiter wird sich gleich um sie kümmern. Bitte bleiben Sie am Apparat!" Dann kommt eine Fahrstuhl-Version von „Fly me to the Moon". Karger hasste diesen Song. Aber nach gefühlten zwei Stunden riss ihn eine angenehme Stimme aus seinen düsteren Gedanken. Karger sprach. Und hörte zu.

Zwanzig Minuten später schlurfte Karger wieder in sein Zimmer, und seine Frau öffnete die Augen und sagte: „Mir ist schlecht. Und das ist alles deine Schuld. Wo gibt es hier Frühstück?"

Das gab es in einem kleinen Raum hinter der Eingangshalle. Karger stocherte lustlos in einem wässrigen Rührei, und seine Frau biss in ein zähes Butterhörnchen, kaute kurz und sagte: „Gut, unser Auto ist also Schrott. Und jetzt?"

„Jetzt?", meinte Karger und sah sich nach der Milch um. Keine Milch. Kein vernünftiges Brot, und keine essbare Wurst. Bella Italia. Aber was willst du von einem Land erwarten, in dem sie Klaviere aus dem Fenster werfen?

„Jetzt haben wir folgende Möglichkeiten:", sagte Karger, „Wir können hier bleiben und abwarten, bis unser Auto repariert wird. Die wollen es nach Verona transportieren und da reparieren. Das kann eine Woche dauern. Ungefähr. Oder, wir bleiben hier, und unser Auto wird huckepack nach Osnabrück gebracht, und wir fahren mit dem Zug nach Hause. Oder, Möglichkeit drei, der ADAC bringt die Kiste über die Grenze nach Deutschland. Dann wird das Auto in Rosenheim oder in Bernau am Chiemsee repariert. Dort sind nämlich zwei große VW-Werkstätten. Da können wir uns aussuchen, welche wir nehme wollen. In dem Fall bekommen wir hier einen Leihwagen organisiert und in Rosenheim oder am Chiemsee ein Hotel bezahlt. So lange, bis unser Auto wieder wie ein Auto aussieht und sich auch so benimmt. Diese Möglichkeiten werden wir jetzt in aller Ruhe durchsprechen. Und dann rufe ich nochmal in München an, und sage denen, was wir machen wollen. Der ADAC kümmert sich auch um die Versicherungsfragen und regelt das alles mit der hiesigen Polizei. Wir brauchen also nichts anders zu tun, als eine Entscheidung zu treffen. Und auch damit können wir uns Zeit lassen. Ich meine also, wir wissen jetzt, was wir machen können, und die Entscheidung liegt bei uns. Dieses Hotel hier, das habe ich für eine Woche gebucht, aber noch nichts bezahlt. Wir haben also alle Zeit der Welt. So, und hiermit eröffne ich die Diskussion. Lass uns wie zwei erwachsene Menschen vernünftig darüber reden und ganz ruhig abwägen."

„Chiemsee. Werkstatt in Bernau. Und ich ruf' die Sieglinde an. Wir brauchen kein Hotel vom ADAC. Wir schlafen heute im 'Hafenwirt in Seebruck'. Jetzt geh' und mach voran", sagte seine Frau mit vollem Mund.

„Danke für das ausführliche Gespräch und die konstruktive Diskussion", meinte Karger und schob seinen Stuhl zurück, „Bin gleich zurück."

So gegen elf Uhr war der Transporter des Soccorso Stradale am Hotel, ein ziemlich ramponierter gelber Lastwagen mit einer Kranvorrichtung und Platz für zwei Autos auf der Ladefläche. Immerhin stand auf der Fahrertür: Im Auftrag des ADAC. In drei Sprachen. Der Fahrer, ein junger Nordafrikaner auf Speed oder Red Bull zupfte an seinen Rasta-Locken und sprach auf Karger ein. Der verstand kein Wort, nickte nur immer mit dem Kopf und schaute sich hilfesuchend um. Endlich kam der Hotelzwerg die Stufen herunter gestolpert und sagte: „Alles ok, Signore, der Wagen wird nach diesem Chiemsee-Dings gebracht, und in einer halben Stunde kommt jemand mit Ihrem Leihwagen. Ihre charmante Frau sitzt im Restaurant und trinkt ein Glas Prosecco. Ihre Rechnung habe ich fertig. Schade, dass Sie uns so schnell wieder verlassen." Dann sagte er etwas zu dem Rastaman, und beide bogen sich vor Lachen. Karger nickte und ging in die Hotelhalle.

Kurz vor zwölf war der Leihwagen da. Ein ziemlich neuer Seat Altea. Karger stapelte die Koffer und Taschen auf dem Rücksitz und im Kofferraum und sah sich nach seiner Frau um. Keine Frau in Sicht. Junge, was hast du da bloß geheiratet. Karger ging an die Rezeption und zahlte für die eine Nacht, dann rief er den ADAC in München noch mal an und bekam eine Adresse in Bernau: „Urlaub auf dem Bauernhof. Wir sind mitten in der Saison, wissen Sie, und das war das Beste, was wir für Sie finden konnten", meinte die Stimme am Telefon, „Wird Ihnen aber gefallen. Wenn nicht, rufen Sie wieder an. Und die Werkstatt in Bernau, die weiß auch Bescheid. Gute Fahrt, empfehlen sie uns weiter."

So gegen halb fünf am Nachmittag muss es wohl gewesen sein, als Karger durch die Frontscheibe des Altea auf die Fahrbahn starrte und auf der rechten Spur ein paar Autos vor sich den Transporter sah. Mit seinem Passat hinten drauf. Direkt auf der Höhe der Ausfahrt Kufstein-Süd. Mann, der Clown da vorne, der überholt mit seinem Transporter, wie wenn er einen Porsche fahren würde, dachte Karger, das darf doch nicht wahr sein. Echt jetzt, oder?

Schau dir den an, wie der wieder einschert. Der ganze Laster wackelt, und gleich liegt mein Auto auf der Fahrbahn. Karger gab Stoff und schoss an einem Wohnmobil aus Enschede vorbei und war Sekunden darauf auf gleicher Höhe mit dem Transporter. Er hupte und als der Rasta-Man nach links schaute, hob Karger beide Hände in Kopfhöhe und riss die Augen auf: Was machst du, Mann? Bist du bescheuert, oder was?

Auch der Transporter-Fahrer nahm beide Hände vom Lenkrad, zielte mit seinen Zeigefingern freudig überrascht auf Karger und deutete dann mit der linken Hand auf einen Jesus am Kreuz, der ziemlich seekrank an einer Holzperlen-Kette am Rückspiegel baumelte.

Karger gab Gas und zog davon. Ich kann das Elend nicht mit ansehen, dachte er, ich schaff' das nicht.

Kurz nach sechs Uhr am Nachmittag. Die Sonne stand schräg über der Kampenwand, und Karger nebst Frau fuhr über den letzten Hügel auf der A 8 unter dem Schild „Prien-Bernau, Ausfahrt 106" durch. Jetzt muss man sagen, wenn man, so über die Autobahn von Rosenheim kommend über den besagten letzten Hügel fährt, das raubt einem immer wieder den Atem. Der Chiemsee liegt da wie gemalt, und man sieht über Herrenchiemsee zur Fraueninsel rüber, und auf dem See tummeln sich hundert oder mehr Segelboote, das hat schon was.

„So langsam kriege ich Hunger. Und auf's Klo muss ich auch. Und dieses Auto hier, das klingt wie eine Nähmaschine. Warum erzählst du mir nicht, was die Sieglinde gesagt hat?", sagte Frau Karger und riss ihren Mann damit jäh aus seinen romantischen Gedanken.

Karger setzte den Blinker, fuhr auf die äußerste rechte Spur und schaute zu seiner Frau rüber: „Wir fahren nicht nach Seebruck. Wie sieht denn das aus, hmh? Wir machen offiziell Urlaub am Gardasee, dabei bleibt es. Das geht diese Schreckschraube von Tante überhaupt nichts an, was wir jetzt für Probleme haben. Sonst kann ich mir die nächsten hundert Jahre die dummen Sprüche anhören. Von wegen: Ja, dann wärt ihr doch gleich an den Chiemsee gefahren, dann wäre das alles nicht passiert. Nein, erst fahren wir in die Werkstatt. Dann in diesen Alpenhof, den uns der ADAC klargemacht hat, und dann gibt's was auf die Gabel. Aber bestimmt haben die bei VW auch ein Klo."

Frau Karger verdrehte die Augen und presste die Knie zusammen. Karger ging sanft in die Kurve der Ausfahrt, dann fuhr er vorne am Kreisel rechts ab, durch die Unterführung in Richtung Prien, und dann war da auch schon, gleich auf der linken Seite, die VW-Vertretung.

„Ja, do sans ja, mir ham scho gwart auf eich", sagte der Meister im Blaumann, den Karger wenig später im Ausstellungsraum antraf: „Da Transa is glei do, un dann pack mas, gei, i hob grod no mit dem Kutscha gredt, hams mi? Und des mit eanane Zimmer, des is a klar, i hob den Zedl do."

Karger starrte den Mann an und drehte sich dann zu seiner Frau um: „Spricht der Albanisch oder was?"

Frau Karger verdrehte die Augen und dolmetschte: „Der Mann meint, er freut sich, dass wir endlich hier sind. Und er habe gerade noch mit dem Fahrer telefoniert. Der wäre auch bald hier. Und mit den Zimmern für uns, da wäre auch alles klar."

Karger nahm misstrauisch den Zettel, den ihm der Werksattmeister hinhielt und sagte: „Danke, guter Mann. Wo ist denn hier die Toilette? Und die für uns gebuchten Zimmer, wo sind die denn?"

„Das Klo? Da hinten links. Glei neba da Kaffeemaschin. Aber Zimma ham mia koane." Irritiert blickte der Bajuware über die Schulter.

„Nein, ich meine das hier", sagte Karger und wedelte mit dem Zettel, „Das Hotel? Sie verstehen: Hotel? Die Dame vom ADAC hat mir nämlich auch eine Adresse gegeben. Alpenhof Steinbichler. Das hat sich aber mehr nach Urlaub auf dem Bauernhof angehört."

Der Meister räusperte sich und sprach jetzt langsam und versuchte, sich hochdeutsch auszudrücken:„Ja also, Hotel würde ich das jetzt nicht direkt nennen, trotzdem, es ist sehr schön da. Ich kenne die Leute. Und wo? Ganz einfach. Sie fahren jetzt wieder in Richtung Autobahn, dann rein nach Bernau, dann gerade durch den Ort durch. Dann kommen ein paar Kurven. Dann sehen Sie ein Schild "zum Seppenbauern". Da, gleich hinter dem Schild, da fahren Sie rechts hoch. Richtung Abling und Aufing. Also, den Berg rauf, dann links, rechts und nochmal links, dann sehen Sie schon das Haus. Ein alter Naturstein-Bauernhof, der Alpenhof Steinbichler. Können Sie gar nicht verfehlen. Sie waren am Gardasee, was?"

„Ja, warum? Gibt's da eine Reisewarnung vom Auswärtigen Amt oder was?"

„Nein, nein", sagte der Meister, „bloß, ein Kumpel von mir, der war auch neulich am Gardasee."

„Ja doch, da waren außer uns noch mehr Leute da, das ist sogar mir aufgefallen", meinte Karger, der so langsam seine gute Laune verlor. Der Blaumann sprach weiter: „Nein, so meine ich das nicht. Aber der Kumpel von mir, der ist Polizist, und der war mit seinem neuen Boot mit Doppel-Außenbordern am Gardasee. Und während er auf dem See draußen war, haben sie ihm vom Hafenparkplatz in Sirmione das Auto geklaut. Zack und weg."

„Ach was, sowas machen die in Italien?" Karger hörte nur mit einem Ohr zu, denn er machte sich langsam Sorgen um seine Frau, die immer noch auf der Toilette war.

„Na ja, und wie er da so am Palavern mit der Polizei war, vor dem Parkplatz meine ich, da hat ihm jemand ratz-fatz auch noch sein Boot geklaut. Direkt vom Anleger weg. Ist das ein Hammer, oder was?"

„Echt gut, die Geschichte, ja. Was es alles gibt in der großen weiten Welt," sagte Karger und winkte seiner Frau zu, die sichtlich erleichtert durch den Ausstellungsraum auf die beiden zuging.

„Wir fahren jetzt zu diesem Steinbichler, und morgen früh um zehn oder so, da komme ich hier vorbei. Ist das ok für Sie?"

„Guter Mann, es ist alles geregelt. Sie brauchen nicht vorbeizukommen. Wir rufen Sie an, wenn was ist. Keine Sorge, wir bringen Ihr Auto wieder auf Vordermann, und Sie und Ihre Frau, Sie machen sich ein paar schöne Tage hier bei uns am Chiemsee. Waren Sie schon mal hier?"

„Nein. Aber wir wollten das eigentlich schon immer mal machen. Urlaub am Chiemsee. Bis morgen."

Im Weggehen zog Karger sein Handy aus der Hosentasche und wählte die Nummer vom Alpenhof Steinbichler. Nach dem zweiten Signalton hörte er eine sympathische Frauenstimme: „Börner, vom Alpenhof. Guten Abend?"

„Ja, Karger hier, wir sind auf dem Weg zu Ihnen. Wir sind jetzt hier in Bernau, und die Beschreibung zu Ihnen hoch, die ist ein bisschen diffus."

„Herr Karger, nett dass Sie anrufen. Wir warten schon auf Sie und Ihre Frau. Unsere Anschrift haben Sie ja. Geben Sie die doch einfach in Ihr Navi ein, oder?"

Jetzt hör' dir die Torte an, dachte sich Karger. Es gibt tatsächlich immer noch Frauen, die denken, dass sie die besseren Männer sind. Bin ich blöd, oder was? Aber er sagte so freundlich, wie es ihm möglich war: „Ein Navi? Ja, toll, gute Idee. Aber das Navi hier, der spricht nur italienisch, wissen Sie? Aber der Herr hier in der Werkstätte, der hat mir den Weg ganz gut erklärt. Wir finden Sie schon. Ich hätte da nur eine Frage: Kann man bei Ihnen was essen?"

Karger schüttelte den Arm seiner Frau ab, die ihm mit der rechten Hand auf die Schulter klopfte und mit der Linken Daumen und Zeigefinger zum Mund führte: Ich habe Hunger.

„Aber klar doch", sagte die Stimme im Telefon, „ich mache Ihnen eine schöne bayrische Brotzeit-platte. Ihr Häuschen wartet auf sie, und im Kühl-schrank ist Bier und Wein. Und den Roten, den bringe ich gleich selber mit. Wissen Sie was? Ich werde jetzt die Bayernfahne im Hof hochziehen. Und wenn Sie gleich von Abling über Aufing zu uns den Berg raufkommen, sehen Sie die. Da, bei der Fahne, da warte ich auf Sie, ok?"

Karger murmelte noch was ins Telefon und steckte es wieder ein. Seine Frau sagte: „Ich habe Hunger."

„Platz zwei deiner ewigen Top Ten", sagte er.

Darauf Frau Karger. „Was?"

„Ja klar. Platz eins ist: Heute nicht, ich hab' Kopf-weh. Platz zwei: Ich habe Hunger. Dicht gefolgt von Platz drei: Nimm endlich deine Finger da weg, was soll der Hund von uns denken. Platz vier, und der ist auch gut: Wenn es dir hier nicht schmeckt, dann geh doch zurück zu deiner Mutter." Karger grinste und sprach weiter: „Was hast du gesagt? Das habe ich jetzt nicht so richtig verstanden."

Die Fahrt durch das kleine Bernau und hoch zum Alpenhof verlief ruhig. Ohne Gespräche. Karger hielt Ausschau nach der Bayernfahne, sah sie irgendwann steuerbord voraus und sagte zu seiner Frau: „Jetzt schau' dir mal die Lage hier an. Links der See, und rechts, da sind die Berge. Mann. Da haben die alten Bayern aber dreimal –hier- geschrien, als die Götter damals die Landschaft verteilt haben, oder?"

„Sind wir hier richtig?"

„Klar", sagte Karger, „da vorne, bei diesem Bauernhof, da ist die Bayernfahne. Und da auf dem Hof, da steht auch wer. Das muss die Frau sein, mit der ich vor ein paar Minuten telefoniert habe."

Richtig. Das ist sie. Jetzt schau' dir diese Sahneschnitte an, dachte sich Karger. So an die fünfzig wird sie wohl sein, mit hoher Resterotik in der Figur. Mit einem netten Lachen, mit kurzen schwarzen Haaren und schönen Beinen. Soweit man das von hier aus sehen kann. Karger fuhr auf den Hof, grinste und winkte der Frau zu.

Fünf Minuten später saßen die beiden Kargers in einem kleinen Bungalow. In einem Wohnzimmer mit viel Holz an Wänden und an der Decke. Überhaupt war hier alles aus Holz. Die alten Eichendielen knarrten bei jedem Schritt, die Sitzecke war aus uraltem Zirben-Holz gezimmert, und die beiden Betten im Schlafzimmer auch.

Getrennte Betten. Gut, dann ist das eben so, dachte sich Karger, und schob das eine Bett gleich unter das Fenster. Unter das mit dem unfassbaren Blick zum Chiemsee runter. Dann kann ich endlich mal wieder bei offenem Fenster schlafen. Super.

Im Wohnzimmer hatten die beiden Damen inzwischen den Tisch gedeckt. Frau Börner hatte Kartoffelsalat, kalte Frikadellen, Würste und kalten Braten gebracht. Dazu gab es Brezen, Semmeln, Radieschen, Senf, Meerrettich, Bier und Rotwein. Und Käse, alles klar.

„Ich habe mir gedacht, Sie müssen doch einen mächtigen Hunger haben, und bestimmt wollen Sie heute nicht mehr wegfahren zum Essen, oder?"

„Perfekt, danke", sagte Karger und setzte sich. Seine Frau meinte: „Ich habe gedacht, gleich sterbe ich vor Hunger. Ehrlich. Ein nettes Ferienhaus ist das hier. Haben Sie mehr davon?"

„Ja, wir haben noch drei Bungalows auf dem Grundstück. Aber die sieht man von hier aus nicht. In dem einen ist eine belgische Familie. Nette Leute. Die haben mich gleich am ersten Tag gefragt, wo es hier in der Gegend die besten Pommes gibt. Und da sind die jetzt jeden Abend um diese Zeit. Belgier ernähren sich überwiegend von Pommes. Haben Sie das gewusst? In dem anderen Haus sind Holländer. Die kommen schon seit drei Jahren, seit wir den Hof hier haben, mein Mann und ich. Und in dem Haus schräg hinter dem unseren, da sind Leute aus unserer Heimat, aus Bremen."

„Und warum ist dieses Haus hier frei gewesen? Ich meine, jetzt ist doch Urlaubszeit, und das hier, das ist allem Anschein nach das Haus mit dem schönsten Blick auf den Chiemsee, oder?", sagte Frau Karger und nahm sich noch eine von den wunderbaren Frikadellen.

„Ja, schon, aber wir hatten hier drinnen ein Paar aus Wanne-Eickel. Und der Mann, der hatte eine ganz merkwürdige Fell-Allergie. Der bekam immer Juckreiz, wenn er unsere Esel nur gesehen hat. Eigenartig, was?", sagte Frau Börner, und Karger meinte: „Ein Mann aus Wanne-Eickel mit einem Fell. Das ist ja mal ganz was Neues. Wie sah der denn aus? Wie ein Yeti, oder was?"

Frau Karger versetzte ihrem Mann unter dem Tisch einen Tritt gegen das Schienbein, und Frau Börner lachte und sagte: „Ach so, ja, das sollte ich Ihnen vielleicht noch sagen: wir haben hier drei Esel. Die sind jetzt schon im Stall. Aber ab morgens um sieben oder so, da laufen die hier auf dem Grundstück frei rum. Es ist ja alles eingezäunt. Haben Sie da irgendwelche Probleme, mit Eseln oder so, meine ich?"

„Ich nicht", sagte Frau Karger, „mit sowas habe ich Erfahrung."

„Nein sowas", sagte Karger und angelte sich die Weinflasche von der Mitte des Tisches. „Ich hatte als Kind einen Goldhamster. Der hieß Lenin. Aber sagen Sie mal, wenn Sie aus Bremen kommen, ich meine, da haben Sie sich aber auch ganz schön verfahren, oder? Was hat Sie denn hierher verschlagen?"

Die adrette Frau Börner strahlte Karger an und hielt ihm ihr mittlerweile leeres Weinglas über den Tisch. „Ach wissen sie, das ist eine lange Geschichte, damit möchte ich sie jetzt wirklich nicht nerven. Ich freue mich, dass sie jetzt hier sind, und ich hoffe, Ihnen gefällt es gut bei uns. Prost."

Karger trank, nahm sich etwas Käse und sagte: „Nein, ehrlich jetzt. Wir kommen ja aus der Ecke von Osnabrück. Und uns würde es nicht so schnell einfallen, hierher an den Chiemsee zu ziehen und einen Bauernhof mit Ferien-Häusern zu übernehmen, oder? Kommen sie aus der Branche? Landwirtschaft? Ackerbau und Viehzucht, oder was?"

„Nein, ganz und gar nicht. Mein Mann war Arzt. Oberarzt in der Dermatologischen Abteilung in der Klinik in Bremen. Na ja, dann hat er irgendwann selber gesundheitliche Probleme bekommen und beschlossen, sein Leben radikal zu ändern. Das hier", damit machte sie mit dem linken Arm eine weit ausholende Geste, „das hier haben wir über eine Bekannte bekommen, die den Eigentümer kennt. Der wollte den Hof und alles drum herum verpachten und in die Toskana ziehen. Da ist er jetzt. Und wir sind seit ein paar Jahren hier. Und haben es nie bereut. Es ist sowas von wunderschön, dieses Leben hier, und diese Leute hier, und das ganze Drumherum. Ich habe das nie bereut. Wissen sie was, ich hole uns jetzt noch eine Flasche von diesem süffigen Zweigelt hier. Mein Mann kommt heute erst ein bisschen später, und wenn sie beide noch nicht zu müde sind, dann trinken wir noch einen, oder?"

„Nein, nein", sagte Karger und sah seine Frau an, „wir freuen uns, dass wir jetzt endlich hier sind, und ja, so einen Wein, den könnte ich schon noch vertragen."

Frau Börner ging aus dem Zimmer, Karger sah sich ihren Hintern an und sagte zu seiner Frau: „Die haben es geschafft, was? So ein Leben. Hier, über dem Chiemsee. Den Seinen gibt's der Herr im Schlaf."

Zwei Flaschen Wein später, so gegen neun Uhr an diesem Abend: alle drei in dem gemütlichen Wohnzimmer waren bester Stimmung, und Frau Börner erzählte: „Ja, und dann sind wir von jetzt auf gleich hierher gezogen. Das war die beste Entscheidung unseres Lebens. Wir sind ja so glücklich hier. Das können Sie sich gar nicht vorstellen. Und mit den Einheimischen kommen wir auch bestens klar. Meistens jedenfalls."

Frau Börner schenkte sich Wein in das Glas, prostete den beiden Kargers zu und sprach weiter: „Wissen Sie, manchmal steht man im Leben vor einer Entscheidung, und dann muss man wissen, was man tut. Wir haben das Richtige getan, mein Mann und ich. Und unserer Ehe hat es auch gut getan. Wo ist der denn so lange?" Frau Börner schaute auf ihre Uhr und sagte: „Mein Gott, schon so spät. Sie müssen ja müde sein, nach dem langen Tag, den Sie hinter sich haben. Ich gehe jetzt. Wenn Sie morgen im Haus bei uns Frühstücken wollen, kommen Sie ab acht Uhr rüber, oder wann immer sie möchten. Bis halb zehn mache ich Frühstück. Wenn Sie aber gerne lange schlafen, dann können Sie auch ins Cafe unten im Ort fahren, da gibt es ab halb elf einen guten Brunch. Schlafen Sie gut, bis morgen."

Die Kargers saßen noch eine Flasche Wein und zwei Biere lang am Tisch und beneideten die Börners. „Siehst du, so geht es auch", sagte Frau Karger, die schon ziemlich beschwipst war und ein Rülpsen unterdrückte, das sie immer auf Käse bekam, „auf sowas kämst du ja nie. Einfach alle Zelte abreißen, und in der Fremde ein neues Leben anfangen und glücklich sein. Man muss auch mal was ganz anderes machen im Leben, weißt du? Loslassen und neu anfangen. Nur wenn man was loslässt, dann hat man beide Hände frei für was Neues. Einfach mal eine Bauchentscheidung treffen, und schon ist man glücklich und zufrieden. Aber nein. Da wärst du ja zu weit von deiner hochheiligen Mutter weg. Sowas geht ja gar nicht. Obwohl die hier gut bei den drei Ameisenbären im Stall schlafen könnte."

„Esel. Die Ameisenbären sind Esel. Und lass bitte meine Mutter aus dem Spiel. Oh Gott, die muss ich ja heute noch anrufen."

„Ich geh' schon mal Zähne putzen und dann ins Bett. Grüß den alten Drachen von mir. Sie soll bei dem Wetter nicht mehr allzu hoch fliegen. Und falls ich später schon schlafe: Bis Morgen."

„Wo sind meine Vivinox?" rief Karger seiner Frau hinterher. Die winkte nur mit der rechten Hand über die Schulter in Richtung Badezimmer.

Karger nahm kopfschüttelnd sein Handy und wählte die Nummer seiner Mutter. Nach dem viertelstündigen Telefonat ging Karger zu seinem Bett und öffnete das Fenster. Seine Frau, die ein paar Minuten später in das Zimmer kam, schüttelte ihre Kissen auf und sagte: „Übertreiben wir nicht ein bisschen? Oder war das der Gute-Nacht-Tipp von Mami? Du liegst ja mit dem Kopf fast im Freien."

Karger, der schon ausgestreckt in dem Zirbenholz-Bett lag meinte: „Direkt über meinem Kopf ist ein offenes Fenster. Sauerstoff pur. So können wir bei uns doch gar nicht schlafen, weil die Autobahn viel zu laut ist. Wenn du jetzt bitte freundlicherweise das Licht ausmachen würdest, ja? Ich versuche hier ohne Vivinox einzuschlafen. Und du könntest vielleicht ausnahmsweise mal auf deine Kreuzworträtsel verzichten, ja?"

Frau Karger löschte das Licht. Durch das offene Fenster hörte man leise den Wind, der durch die Bäume strich. Nach ein paar Minuten sagte Frau Karger: „Schläfst du schon?"

„Ja. Tief und fest. Was ist?"

„Die Börners haben alles richtig gemacht, oder? Die haben einfach alles hinter sich gelassen und hier ein neues, unbeschwertes Leben angefangen. Meinst du, wir könnten sowas auch?"

„Ich denke drüber nach, während ich schlafe. Sonst noch Fragen?" Karger zog genervt die Bettdecke bis zum Kinn hoch. Nicht gut, denn jetzt waren seine Zehen im Freien, und das mochte er überhaupt nicht. Also strampelte er mit den Füßen, um die Decke wieder weiter runter zu bekommen.

„Was wird das? Möchtest du tanzen?", sagte seine Frau aus der dunklen Ecke ihrer Zimmerseite, „Und wenn du eh' noch wach bist, ja ich habe noch eine Frage. Ich hab' vorhin noch kurz auf mein Kreuzworträtsel geschaut, weil mir ein Begriff fehlt. Und das lässt mir keine Ruhe."

Karger seufzte vernehmlich und stöhnte: „Also, sag' schon. Was?"

Frau Karger hob den Kopf, stützte sich auf die Ellenbogen und sagte: „Ein anderes Wort für graue Haare. Mit zehn Buchstaben. Da komme ich einfach nicht drauf. Das macht mich ganz verrückt. Weißt du das?"

„Ein anderes Wort für graue Haare?" Karger blinzelte und dachte sich, jetzt schau sich einer diese Frau an. Was die für Sorgen hat. Dann sagte er: „Klar, Friedhofsblond."

„Was?"

„Ein anderes Wort für graue Haare ist ... Friedhofsblond. So werden wir alle mal."

„Du bist sowas von blöd. Gute Nacht." Vom anderen Ende des Schlafzimmers hörte man ein dumpfes Aufstöhnen. Dann war Ruhe.

Karger grinste, drehte sich um und war ein paar Minuten später eingeschlafen. Tief und fest.

Und dann kam dieser Traum wieder. Der Traum von Kargers Reise nach Belo Horizonte, die er damals ja auch wirklich gemacht hat. Zum deutschen Fußball-Karneval, im Juli 2014. Der Tag, an dem Jogi Löws Team wie eine Urgewalt über die Brasilianer gekommen ist. 7:1. OH MEU DEUS. Karger und seine vier Kumpels vom Taubenzüchter-Verein Gaste 1958 saßen in Belo Horizonte in einer Bretterkneipe mit lauwarmem Brahma-Bier vor sich auf den schmierigen Tischen und starrten sprachlos auf den Fernseher, der hinter der Theke ganz oben rechts in der Ecke auf einem Brett stand. Zu verstehen war nichts, alle brüllten durcheinander und schwenkten Flaschen, Gläser, Mützen und gelb-grüne Schals. Umgeben von Brasilianern, die sich ungläubig staunend über das frühe 1:0 wunderten, schaute Karger auf den Fernseher. Jetzt muss man sagen, die fünf Hobby-Taubenzüchter aus Gaste bei Osnabrück hatten sich echt gedacht, jetzt fliegen wir erst mal da hin. Nach Brasilien. Strände. Palmen. Willige Mädels in String-Tangas, die oben ohne am Strand rumtanzen und auf bleiche Germanen abfahren. Wie in dem Lied von Roland Kaiser. Santa Maria.

Karten für das Mineirao-Stadion kriegen wir dann immer noch, nämlich günstig und last minute auf dem Schwarzmarkt. Ein bissel was geht allerweil, das hat schon der Fußball-Kaiser Franz gesagt. Gute

Karten mit Sicht auf den Ball, die gab es aber nur noch für einen Tausender aufwärts. Euro, natürlich. Deswegen fanden sich Karger und seine Kumpel kurz vor Anpfiff in besagter Kneipe wieder. Umgeben von Einheimischen aller Hautfarben, die ebenfalls kein Geld für das Halbfinale im Stadion hatten. Doch zurück zum Geschehen im Fernseher. Also: Lahm & Co. pulverisierten die Brasis mit mörderischer teutonischer Präzision.

Nach dem ersten Tor jubelten die Taubenzüchter noch laut. Die Brasilianer um sie rum schickten befremdete Blicke und wurden ruhig.

Dann, ein paar Minuten später: Lahm schussert die Kugel zu Kroos. Der bedient Müller. Müller gibt rüber zu Klose, und der haut im Nachschuss den Ball zum 2:0 ins Netz, und ist damit auch noch WM-Torschützenkönig.

Stille in der Kneipe. Dann schrien die Brasilianer rings um Karger und seine Jungs los. Wut, Enttäuschung, Frust. Karger schaute sich um und sagte zu Harrmerger, der ihm schräg gegenübersaß: „Jetzt nicht jubeln. Halt einfach mal deine große Schnauze, ja?" Harrmerger, auf dessen T-Shirt stand: „Taubenzüchterverein Gaste von 1958 ... lieber eine Taube im Bett als eine Schwerhörige auf dem Dach", der sagte: „Wollen wir nicht lieber gehen?", und Kronberger, der rechts neben ihm saß, der zog den Kopf ein und rollte sein T-Shirt über dem Bauch hoch. Auf dem stand: „Wir sind gut zu vögeln. Taubenzüchterverein Gaste von 1958". Schau ihn dir an. Kronberger, das Großmaul. Der vor ein paar Minuten noch zu Karger sagte: „Du bist der einzige von uns, der verheiratet ist. Und wir lassen heute Nacht noch die Sau raus. Vier Irre und ein Ehebrecher." Und Karger sagte: „Wieso Ehebrecher? Ich habe meine Frau noch nie betrogen." Worauf Kronberger hämisch grinste und meinte: „Oh ja? Gut. Dann willkommen bei den Irren."

Das war vor ein paar Minuten. Jetzt waren alle still und eingeschüchtert und schauten vorsichtig in die Runde. Zwei Minuten später: Tor von Kroos in der 25. Minute. Karger zog den Kopf ein und nuckelte an seiner Bierflasche. Aber jetzt öffnete sich das Portal zur Hölle: 0:4 Kroos, 26.Minute, dann 0:5 Kedira und 0:6 Schürrle und dann kam SIE. Die Göttin. Eine Frau, wie Karger noch nie eine gesehen hatte. Um die dreißig, mit wuscheligen, schwarzen Haaren, schlank, braun und mit einem Lachen im Gesicht, das einem die Seele wegsprengte.

Sie sah Karger an und schrie in dem allgemeinen Lärm irgendwas in einer Sprache, die er nicht verstand. Karger nickte nur mit einem blöden Grinsen im Gesicht, und die Göttin kam eine Minute später mit fünf kalten Flaschen Brahma zurück. Karger gab ihr ein paar Geldscheine und nickte hilflos. Fußball war auf einmal völlig uninteressant. Karger hatte nur noch Augen für die Göttin. Für ihre Brüste im gelben T-Shirt, die vor seiner Nase wackelten. Für ihre Hüften, die in der grünen kurzen Hose keinen Platz hatten. Für die braunen Beine, für....

Die Göttin lachte, schüttelte ihre schwarze, lockige Mähne und fuhr Karger mit ihren langen, gelb lackierten Fingernägeln zärtlich über den rechten Handrücken. Dann ging, nein, schwebte sie zurück hinter die Theke. Karger starrte auf sie, auf seine Hand und fühlte sich wie unter Wasser. Der Rest des Abends verging für ihn wie in Trance. Er trank und bestellte neues Bier. Trank und bestellte. Bei ihr. Er wollte sie schweben sehen, er wollte ihr Lächeln in sein Gehirn einbrennen, und er wollte in ihren Augen ertrinken. Das siebte deutsche Tor und den Ehrentreffer der Brasis bekam er gar nicht mit. Das enttäuschte Gebrüll in der Kneipe rauschte an ihm vorbei wie gurgelndes Wasser. Er konnte auch später nicht mehr sagen, wie er in die schäbige Pension gekommen war, in der die deutschen Täuberiche ein Doppel- und ein Dreierzimmer hatten. Karger ging am nächsten Abend noch mal in die Bretterkneipe. Alleine. Ohne seine Kumpel.

Aber die Göttin war nicht mehr da. Karger versuchte, mit dem Typen hinter der Theke zu reden. Aber der nickte nur, grinste und stellte ihm eine Flasche Pitu-Schnaps und ein großes Glas mit Eis vor die Nase.

Aber Wochen später, Karger und seine Flattermänner waren längst wieder im norddeutschen Berufsalltag, da kam die Göttin nachts in seinen Träumen wieder zu ihm. So ein oder zweimal in der Woche, erstaunlicherweise immer nach der ersten Pinkel-Unterbrechung, die sich bei Karger meist so gegen drei Uhr morgens einstellte. Danach verfiel er in einen unruhigen Schlaf, wälzte sich in seinem Bett und nervte seine neben ihm liegende Frau mit merkwürdigen Geräuschen.

In einer dieser Nächte war sie zum ersten Mal da. Angezogen war sie wie in der Kneipe in Belo Horizonte. Aber sie beide waren am Strand. An einem Strand in Südamerika, an dem die Palmen schräg ins sanft rauschende Meer wuchsen. Außer ihnen war da niemand mehr, die Sonne versank hinter dem Horizont, und aus der Ferne hörte man leise Carioca-Musik. Karger lag in einer Hängematte, und die Göttin kam mit einem Lächeln auf ihn zugeschwebt. Ihre Füße berührten den hellen Sand gar nicht, sie kam irgendwie auf ihn zu und sagte in einer Sprache, die er verstand: „Ich habe gewartet. So lange. Wo bist du gewesen?" Karger versuchte zu antworten, aber er konnte seine Lippen nicht bewegen. Sie breitete die Arme aus und sagte: „Jetzt bist du hier. Bei mir. Komm her." Aber Karger konnte sich nicht bewegen. Er war wie festgetackert in seiner Hängematte gefangen und konnte nicht mal mit den Zehen wackeln. Die Göttin zog sich ihr T-Shirt über den Kopf und Karger hatte freien Blick auf die brasilianischen Alpen. Plötzlich rüttelte ihn etwas mit Brachialgewalt an der Schulter und sagte: „Hast du Albträume oder was? An deine Sprüche im Schlaf habe ich mich ja gewöhnt, aber das Gepupse muss jetzt echt nicht sein, oder?"

Karger lebte von da an eigentlich nur noch für die Nächte. Für die Träume. Er wollte SIE wiedersehen. Seine Göttin. Und sie kam auch wieder. Und es war immer wieder die gleiche Szene am Strand: Karger in der Hängematte. SIE kommt auf ihn zugeschwebt. Karger will was sagen. Was machen, er will sie an sich reißen, er will sie … und dann wird er wach. Peng.

Aber wer bremst, der verliert. Irgendwann krieg ich die Arme hoch, irgendwann komme ich aus der verkackten Hängematte raus, und dann bin ich im Paradies, dachte sich Karger fast jede Nacht, wenn er seiner Frau geistesabwesend den obligaten Schlaf-gut-Kuss auf die Backe brannte.

Gut, in dieser Nacht, hoch über dem Chiemsee, da kam er ohne das übliche Geschlabbere unter die Decke. Und so schlief er also grinsend ein und konzentrierte sich auf einen Strand, irgendwo am anderen Ende der Welt. Im Wegdämmern hörte er die Wellen an die vereinzelten kleinen Felsen klatschen, dann wurde es dunkel und ruhig um ihn herum.

Aber in dieser Nacht verlief der Traum ganz anders. Gut, nicht ganz, denn Karger hatte seinen üblichen Marsch zur Toilette, diesmal schon um kurz nach zwei Uhr. Aber danach schlief er flüssig wieder ein. Kein Wunder, wenn man direkt unter einem offenem Fenster liegt, und draußen sind Streuobstwiesen, leise im Wind rauschende Bäume und der unendliche Sternenhimmel.

Es wurde langsam hell, und Karger war endlich in seinem Traum angekommen: die Göttin war wieder da. Diesmal in einem blauen, fast durchsichtigen Kleid. Da waren sie beide wieder, am Strand, unter Palmen und mit leiser Musik im Hintergrund. Karger wackelte im Schlaf mit den Zehen und grunzte leise vor sich hin.

Die Göttin sagte irgendwas auf brasilianisch und schnippte sich die dünnen Träger von den Schultern. Das Kleid glitt an ihrem makellosen Körper herab in den Sand, und dann beugte sie sich über Karger, der sprachlos in seiner Hängematte lag, und küsste ihn zärtlich auf die Stirn. Karger schloss sogar im Traum die Augen und genoss, wie die unendlich weichen Lippen der Göttin über seine Nase glitten und dann seinen Mund fanden. Weiche, sinnliche und volle Lippen küssten ihn, und Karger dachte, lieber Gott, mach jetzt bloß keinen Mist. Lass mich jetzt bitte nie mehr wach werden, ja? Obwohl … was, obwohl? Seit wann haben Frauen Haare auf den Lippen? Küsst mich jetzt Conchita Wurst, oder was?

Karger glitt in einen unruhigen Halbschlaf, die Göttin verschwamm in seinem Traum und wurde unsichtbar. Die Musik endete mit einem schrillen Misston, und der Strand verwandelte sich in eine Wüste. Die haarigen Lippen waren aber immer noch da und küssten und küssten. Karger riß die Augen auf und sah in der Morgendämmerung in die großen braunen Augen eines zotteligen Ungeheuers, das sich durch das offene Fenster über ihn beugte. Er schrie.

Laut und unbeherrscht. Das Ungeheuer, das irgendwie einem Pferd ähnelte, zuckte ebenfalls zurück und stieß merkwürdige kehlige Töne aus. Der pelzige Kopf und der lange, dünne Hals verschwanden aus Kargers Blickfeld, und er saß zu Tode erschrocken und immer noch schreiend in seinem Bett, als seine Frau von der anderen Seite des Schlafzimmers auf ihn zukam.

Sie nahm ihn sanft in die Arme und sagte: „Pscht … Pscht … ganz ruhig. Hast du wieder deinen Albtraum gehabt, ja? Kann man dich nicht einmal alleine träumen lassen, hmh? Komm her, ganz ruhig, gleich bist du richtig wach, dann ist alles vorbei."

Karger schnappte nach Luft und schaute wild um sich. Seine Göttin: weg. Das Ungeheuer: weg. Seine Frau: da. Ein Unglück kommt selten allein. Mann, mein lieber Scholli, was geht hier ab? Karger warf einen Blick auf seine Armbanduhr. Gleich halb sieben. Dann hörten die beiden Kargers die Stimme von Frau Börner und vernahmen von draußen hastige Schritte und gleich darauf sowas wie Hufgetrappel. Frau Börner redete offenbar mit jemandem oder etwas, das auf den Namen Cleopatra hörte: „Cleopatra, was hast du bloß wieder angestellt, du neugieriges Stück Pelz. Geh' weg da. Weg. Hau ab. Los jetzt. Aus, Pfui, weg."

Das kommt mir irgendwie bekannt vor, dachte sich Karger und schob seine Frau zur Seite, um einen Blick aus dem offenen Fenster zu wagen. Was er sah, das war Frau Börner, die mit ausgebreiteten Armen vor einem Tier stand, das um einiges größer war als sie. Das Tier war ein...Pferd? Nein, ein Dromedar, oder vielleicht ein Lama? Karger starrte nach draußen und erinnerte sich, dass die Börner was von Eseln erzählt hatte. Klar doch, Esel, aber was für welche. Mann. Karger, der jetzt vollends wach war, schwang sich aus dem Bett und beugte sich aus dem Fenster: „Das Ding da hat mich zu Tode erschreckt. Es wollte mich beißen. Warum haben die Viecher keinen Maulkorb?"

Frau Börner, die mittlerweile beide Arme um den dünnen Hals des cremefarbenen Tieres geschlungen hatte, rief: „Nein nein, das ist bloß Cleopatra. Sie ist sehr neugierig und sie küsst gerne. Aber nur Menschen, die sie mag. Und Sie mag sie anscheinend. Schauen Sie, jetzt küsst sie mich."

Und tatsächlich. Das Untier rieb seine weiche Schnauze an der Wange von Frau Börner, und die beiden gingen wie ein verliebtes Paar zurück zum Haupthaus. Frau Börner drehte den Kopf und sagte über die Schulter zum immer noch fassungslos staunenden Karger: „Wissen Sie was? Jetzt können Sie eh' nicht mehr einschlafen. Kommen Sie beide doch rüber zu mir. Ich mache Ihnen ein tolles Frühstück. Aber vorher bringe ich Cleo zu ihrem Julius und zu Marcus. Bis gleich."

„Marcus, ja?" Mehr brachte Karger nicht über die Lippen.

„Marcus Antonius und Julius Cäsar, das sind die Männchen, und unsere Cleopatra hier, das ist das verschmuste Weibchen. Kommen Sie rüber, dann stelle ich Ihnen nach dem Frühstück die anderen beiden vor."

Karger schüttelte den Kopf und sagte zu seiner Frau, die immer noch auf seinem Bett saß: „Frühstück in einer Viertelstunde im Haus drüben. Ist das ok für dich?"

„Ok, ich zieh mir nur schnell was Unbequemes an", meinte sie und ging an ihm vorbei ins Badezimmer.

So schnell ging es dann doch nicht. Karger saß noch auf seinem Bett und dachte über seinen Traum nach, als er seine Frau aus dem Bad sprechen hörte. Er drehte den Kopf und sagte: „Was?"

„Ich sage, ich fühle mich wie die Festung in Kufstein. Dieses alte Gemäuer, das wir während der Fahrt gesehen haben."

„Warum?"

„Na ja", sagte die Stimme aus dem Bad, „von weitem sieht sie ziemlich gut aus, aber wenn man näher kommt, erkennt man den Verfall. Ich weiß genau, dass du jetzt wieder dein blödes Grinsen drauf hast, auch wenn ich dich nicht sehe. Aber das mit der Burg in Kufstein, das gilt auch für dich."

Karger seufzte und schloss das Fenster. Was immer ich jetzt sage, das ist verkehrt, dachte er sich, also halt einfach die Klappe und mach ein freundliches Gesicht.

Etwa zwanzig Minuten später betraten die beiden Kargers den alten Bauernhof und gingen dem

Kaffegeruch nach in die Wohnstube. Die war überraschend groß, so an die vierzig Quadratmeter, mit einem gemauerten offenen Kamin an der Längswand. Alter, dunkelbrauner Holzboden und Rauputz an den Wänden gaben dem Raum ein gemütliches Flair. Die Möbel waren uralt, aus Holz und sehr gepflegt. Und an den Wänden: Bilder, Spiegel und geschnitzte Heiligen-Figuren. Frau Börner rief aus der Küche: „Nehmen Sie bitte schon mal Platz, ja? Ich backe gerade die Bretzel fertig und bin in einer Sekunde da. Kaffee steht auf dem Tisch. Bedienen Sie sich. Eier sind im Korb."

Die Kargers setzten sich an den großen, viereckigen Bauerntisch und schauten sich an. Frau Karger nahm die Kaffeekanne und rief in Richtung Küche: „Sind wir nur zu dritt?"

„Ja", kam die Antwort, „mein Mann musste schon sehr früh in die Klinik nach Prien. Und er kam auch sehr spät nach Hause, gestern Nacht. Ich hab' nicht viel von ihm mitbekommen."

Während sie sprach, kam Frau Börner mit einem kleinen Weidenkorb, der mit Brezen und Brötchen gefüllt war, in das Zimmer. Sie stellte den Korb auf den Tisch, setzte sich und sagte: „Guten Morgen, ich hoffe, das alles hier schmeckt Ihnen. Wissen Sie, mein Mann wollte ja nicht mehr in seinem Beruf als Arzt arbeiten. Aber beim Surfen auf dem Chiemsee, da hat er doch einen Doc aus der Priener Klinik kennen gelernt. Einen Dermatologen. So ein Zufall, was? Und jetzt macht er ein paar Mal die

Woche Darmspiegelungen in Prien, wenn Not am Mann ist. Na ja, das wundert mich jetzt schon ein bisschen. Denn genau diese Arbeit, ich meine, diese Darmspiegelungen, die wollte er eigentlich nicht mehr machen. Damals, in Bremen, da war Mittwoch immer der Tag, an dem die meisten Därme da waren. Am Dienstagabend, da hatten wir immer Sauna bis zum Abwinken, und nach jedem Saunagang, da haben wir einen doppelten Wodka getrunken. Weil mein Mann immer gesagt hat, morgen bin ich wieder zehn Stunden unter Tage. Und nüchtern ertrage ich diese ganzen Ärsche nicht mehr. Tja, und was macht er jetzt?"

Frau Börner schaute die beiden Kargers an, die sie sprachlos anstarrten, und meinte: „Hups, das ist jetzt aber auch kein Thema beim Frühstück, oder? Entschuldigen Sie. Hoffentlich habe ich Ihnen jetzt nicht den Appetit verdorben. Was machen Sie eigentlich so, beruflich, meine ich?"

„Ich bin Osteopath", sagte Karger, „und meine Frau ist hauptberuflich meine Frau. Das ist ein full-time-job."

„Das können Sie ihm ruhig glauben", sagte Frau Karger und nahm sich ein Ei aus dem Korb. Dann sah sie ihren Mann fragend an, und als der nickte, stellt sie ihm auch ein Ei in den Becher.

„Osteopath? Wow, haben Sie eine eigene Praxis?"

„Nein, ich bin Angestellter. In einem Ärztehaus in Osnabrück."

„Wir haben hier rund um den Chiemsee ein paar Osteopathen", sagte Frau Börner, „die verdienen sich alle eine goldene Nase. In Prien zum Beispiel, da ist einer, der nimmt einhundertundzwanzig Euro. Die Stunde. Und bei dem müssen sie froh sein, wenn Sie im Lauf der nächsten drei Monate einen Termin bekommen. Na sowas, ein Osteopath hier bei uns auf dem Hof. Sie müssten hier herziehen, mein Lieber, und sich selbständig machen. Hier hätten Sie es sicher sehr bald geschafft."

„Geschafft? Geschafft habe ich es auch bei uns im Norden. Obwohl, bei uns oben, da gibt es immer noch Leute, die haben keinen blassen Schimmer, was wir Osteos überhaupt machen. Da kam vor ein paar Wochen einer zu mir in den Laden und sagte, ich habe Potenzstörungen, was können wir tun? Ich sagte, guter Mann, da kann ich gar nicht viel machen. Versuchen Sie es doch mal mit einem Phosphor-Präparat. Sagt der, da haben Sie mich aber missverstanden. Mein Glied soll eregieren, nicht leuchten."

Karger verzog das Gesicht, denn seine Frau trat ihm unter dem Tisch gegen das Schienbein. Aber Frau Börner lachte und sagte: „Wissen Sie was, das müssen Sie meinem Mann erzählen." Und dann, etwas leiser: „Wenn er denn mal da ist."

Dann reichte Sie den Brotkorb über den Tisch und sagte mit einem gezwungenen Lachen im Gesicht: „Hier, nehmen Sie. Ich habe Ihnen da drüben ein paar Prospekte hingelegt. Sie haben ja heute den ganzen Tag zur Verfügung. Vielleicht möchten sie auf eine der Inseln fahren? Die Fraueninsel, zum Beispiel, wenn Sie da noch nicht waren, die wäre bestimmt was für Sie. Warten Sie."

Frau Börner stand auf, ging zu dem alten bayrischen Sekretär in der Ecke und kam mit einigen der bunten Prospekten in der Hand wieder zurück an den Tisch: „Hier, schauen Sie. Wenn Sie mit dem 10.15-Schiff von Bernau-Felden fahren, dann kommen Sie an der Herreninsel vorbei nach Frauenchiemsee. Und hier, wenn Sie sich das hier mal ansehen." Damit tippte Frau Börner auf einen anderen Prospekt und sagte: „Das hier, das ist die Torhalle vom Kloster. Die wurde im Jahre 860 erbaut. Toll, was? Oder das hier oben, das ist der Lindenplatz. Da stehen Linden, die sind über tausend Jahre alt. Oder hier, die Inseltöpferei. Auch schön. Und mittags, da essen Sie beim Klosterwirt die Chiemseerenke im Kräutermantel. Dafür ist der Klosterwirt berühmt. Die Renkenfilets werden mit Zitronensaft und Worcestersauce mariniert und dann...aber was sage ich? Vielleicht mögen Sie lieber einen Hechtspieß oder sowas? Den gibt es in der Linde. Und die Spezialität vom Inselwirt, das ist der Aal auf Stroh. Na, was meinen Sie? Der Inselwirt, der hat auch einen wunderbaren Biergarten, von da aus sehen Sie die Herreninsel und die Alpen und...ach was, hier, nehmen Sie die Sachen hier mit und schauen Sie selber, ob da was für Sie dabei ist."

Frau Börner wischte sich über die Augen und strich Butter auf eine Brötchen-Hälfte. Dann wurde sie sehr schweigsam.

„Und Ihr Mann und Sie haben das alles hier gepachtet, ja? Mit Vorkaufsrecht, oder wie?", fragte Karger. Nur, um irgendwie wieder ein Gespräch in Gang zu bekommen, denn das Schweigen am Tisch wurde etwas unangenehm. Er fing sich einen weiteren Tritt gegen sein Schienbein ein und einen erstaunten Blick von Frau Börner. Sie sagte: „Ja, das ging ja alles so schnell. Und das hier, das ist unser absolutes Traumleben. Schauen Sie aus dem Fenster. Sie sehen den See, die Berge, Wiesen, Obstbäume, unsere Esel. Das alles hier, das ist unser kleines Paradies. Und auch mein Mann, der ist glücklich hier und will nie mehr weg. Ich auch nicht."

Dann wechselte sie schnell das Thema: „Wenn Sie aber nicht so gerne mit dem Schiff auf die Inseln rüber fahren wollen, dann schauen Sie sich heute doch die Eggstätter Seenplatte an. Das ist das hier, in diesem Prospekt, sehen Sie?"

Damit schob sie ein Stück buntes Papier zwischen der Marmelade und dem Schinken zu Karger rüber. Mit dem Zeigefinger tippte sie auf ein kleines Bild und sagte: „Das hier, das ist das kleine Wirtshaus in Weitmoos. Da können Sie auch gut zum Essen hingehen. Und dann gehen sie mit einem Bier und einem Schnaps in die Küche zum Chef und lassen sich erzählen, wie er mit dem Teufel gesprochen hat. Der war in seinem Wirtshaus. Der Mann ist eine lebende Legende. Und wenn Sie Glück haben, dann erzählt er Ihnen die Story."

Karger nahm nickend die Prospekte, schluckte sein Stück Schinkenbrötchen und sagte: „Danke. Wir fahren dann erst mal zur Werkstatt und schauen, was mit unserm Auto los ist."

„Wie?" Frau Börner goss den Kargers Kaffee nach und sagte: „Oh, das brauchen sie nicht zu machen. Mit dem Meister habe ich vor einer Viertelstunde gesprochen. Der hat hier angerufen und meinte, vor heute Abend hat er die Ersatzteile nicht zusammen, die er braucht. Sie sollen morgen früh mal anrufen, dann wissen die mehr. Und wenn es zwischendurch was gibt, dann ruft er Sie auf dem Handy an. Hatten Sie Ihr Telefon ausgeschaltet? Weil er hier bei mir angerufen hat, meine ich?"

„Oh, ja, klar", sagte Karger, „aber ich mach es jetzt an."

Auf dem Rückweg zum Ferienhaus sang Frau Karger: „Atemlos ... durch die Nacht", und sah ihren Mann dabei grinsend an.

Der sagte: „Wenn du glaubst, dass das lustig ist, dann liegst du böse daneben. Ich hatte Albträume, das ist alles."

Eine halbe Stunde später saßen die beiden Kargers in ihrem Seat Altea und suchten vor dem Badehaus in Felden nach einem Parkplatz. Gar nicht so einfach. Jetzt schau' dir die Autonummern an, dachte sich Karger. Hier links, dreimal OS. Das steht für

Osnabrück. Vor denen bist du nirgends sicher. Was haben wir denn hier? Paderborn. Auch gut. Dann da: Steinfurt und Münster. Was machen die alle hier?

Zu seiner Frau sagte er: „Das hier ist ein kleiner Parkplatz. Aber du siehst nur Autos aus unserer Ecke. Ist hier Niedersachsen-Tag, oder was? Früher, da konntest du dich noch auf die Holländer verlassen, und darauf, dass die ruckzuck alles zuparken. NL. Weißt du, was das heißt, NL? Kann ich dir sagen. Das heißt: Nur Luft. Weil die alles selber dabei hatten. Alles, sogar das Klopapier. Und was die von uns hier gebraucht haben, das war die Luft.NL. Nur Luft. Ist der gut oder ist der gut, hmh?"

Karger hatte endlich eine Parklücke entdeckt und setzte den Seat neben einen ziemlich dreckigen Hyundai. „Ich würde mir kein Auto kaufen, dessen Namen ich nicht richtig aussprechen kann, oder wie würdest du den Power-Rollator hier neben uns nennen?"

„Höre ich da Rassismus aus deiner Ansprache?"

„Rassismus? Natürlich bin ich Rassist. Ich bin zu einem Achtel oder so Österreicher. Und Rassismus ist Teil meiner Kultur."

Etwas später, auf dem Dampfer zu den Inseln konnte man die beiden Kargers auf dem Oberdeck der MS Irmingard sehen. Auf dem Oberdeck, hinten links, dritte Reihe. Die beiden Bankreihen vor ihnen waren mit Japanern oder Chinesen besetzt, die alles um sich herum fotografierten, sogar die Kargers.

Hinter ihnen saßen zwei Einheimische. Zwei ältere Herren in Tracht. Graue Jacken mit Hirschhorn-Knöpfen, dunkle Hosen und auf dem Kopf hatten sie eigenartige Hüte, zumindest aus Kargers Sicht der Dinge. Er beugte sich zurück, um zu hören, über was die beiden Eingeborenen sprachen.

Der eine sagte: „Jetzad hams de Beerdigung vom Sepp vo moing fria auf übamoing fria vaschom. Warum jetza des, ha?"

Der andere schüttelte den Kopf und meinte: „Woaß i a ned. Vielleicht gehds am Sepp jetztad wieda bessa, ha?"

Karger schüttelte den Kopf, stand auf und ging unter Deck. Er wollte ein Bier oder sowas. Und ein Wörterbuch für Deutsch-Bayrisch kaufen.

Vor der Kombüse war links oben eine Schiefertafel mit dem Speisen-Angebot angebracht. Da standen Sachen wie Wiener Würstchen / Sausages Vienna. Oder Bavarian Wurstsalad . Und drunter: Fried Onion Rings. Karger grinste und dachte, das sollten sie mal mit- frierende Zwiebel ruft an-übersetzen. Dann kaufte er ein Bier und eine kleine 0.2er-Flasche mit Rotwein und schnappte sich zwei Plastikbecher, die er sich unter den Arm klemmte.

„Weißt du, was ich komisch finde?"sagte seine Frau und fischte die beiden Plasikbecher unter Kargers Arm und nahm ihm die Weinflasche ab. Sie las das Etikett und meinte noch: „Niederbrunner Ersatzteilhalde. Chateau Migräne. Wow, da haben wir aber richtig investiert, was?"

„Gab nur den. Was findest du komisch? Mich?"

„Auch", sagte Frau Karger, „nein im Ernst jetzt. Den Mann der Frau Börner, den haben wir nicht gesehen. Kein einziges Mal. Und im Wohnzimmer, da sind keine Bilder von ihm. Das finde ich komisch. Aber wie sie von ihm redet, das muss schon ein toller Bursche sein. Na ja, nett ist sie ja auch. Und so langsam verstehe ich sie. Schau dich bloß mal um. Das ist das Paradies hier. Wenn man hier wohnen darf, dann hat man es geschafft. Warum wohnen wir eigentlich nicht hier?"

Später, auf der Fraueninsel, da kam Frau Karger aus dem Staunen nicht mehr raus. Die Inseltöpferei. Aus dem Jahre 1609. Mann. Die Irmengard-Kapelle, mit einer Schwelle aus rotem Marmor. Das glaubt dir kein Mensch. Der Lindenplatz am höchsten Punkt der Insel. Mit den beiden alten Linden, die mindestens tausend Jahre alt sein sollen. Und warum stehen da sieben Linden? Sieben? Die magische Zahl? Und die Torhalle, und das 1200 Jahre alte Kloster, Mann, hast du das überhaupt mitgekriegt?

All das fragte sie ihren Gatten, als die beiden gegen Mittag im Biergarten der „Linde" saßen, an einem Tisch unter einer alten Kastanie, und mit einem überwältigenden Blick auf den See und die grün-graue Alpenkette.

Karger, der die Karte studierte, hatte ganz andere Sorgen: „Was sind Schrazen? Das klingt für mich nach unerzogenen Kindern. Sowas essen die hier?"

„Egal, ich nehm' das, sagte Frau Karger, „und ein Viertel Rosé' dazu."

Karger nickte und bestellte zweimal die Schrazen, die sich als köstliche kleine Fisch-Filets entpuppten, in Butter und Knoblauch angebraten und mit Petersilien-Kartoffeln serviert. Der Rosé' war kalt und gut, das Bier hervorragend gezapft und die beiden Kargers nach dem Essen in bester Stimmung.

„Jetzt stell' dir bloß mal vor, ich meine, rein theoretisch", sagte Frau Karger und blickte auf den blauschimmernden See, „wir beide würden hier her ziehen, und du machst dich selbständig. Hast du gehört, was ein guter Osteopath hier verdient? Hundertundzwanzig. Die Stunde. Rechne das mal hoch. Da wird dir schwindlig, oder?"

Karger trank sein Bier aus und winkte der Bedienung nach der Rechnung.

Nachmittags schlenderten sie noch durch Prien und fanden das alles hier ziemlich gut. So gegen vier Uhr am Nachmittag bog Karger in den Hof der VW-Vertretung in Bernau ein und fragte nach dem Meister. Der war mit einem Kunden unterwegs, aber das Mädel am Kundenschalter wusste Bescheid: „Uns fehlen noch zwei Sachen. Die kriegen wir morgen früh. Bis Mittag oder so könnten wir Ihren Wagen fertig haben. Rufen sie doch so gegen zehn oder elf Uhr mal durch. Oder sollen wir Sie anrufen?"

Karger ließ sich die Durchwahl des Werkstattmeisters geben und sagte dann im Auto zu seiner Frau: „Was denkst du, sollen wir für unsere Wirtin einen Strauß Blumen kaufen? Ich habe da vorne im Dorf, rechts an der Straße, einen Blumenladen gesehen."

Und so kam es, dass die beiden Kargers am späten Nachmittag wieder am Alpenhof Steinbichler ankamen. Mit einem schönen Strauß Tulpen und Grünzeug dazwischen. Frau Börner war gerührt vor Freude und bat die beiden Karges ins Haus: „Kommen Sie rein, jetzt müssen sie aber ein Glas mit mir trinken. So schöne Blumen. Das wäre doch nicht nötig gewesen."

Eine Flasche Wein später sagte Frau Börner: „Wenn ich Sie beide so ansehe: Sie sind ein glückliches Paar, das sieht man. Ich meine, mein Mann und ich, wir sind das auch. Glücklich, meine ich. Oder sowas ähnliches." Sie goss sich und den Kargers nach, schwenkte die leere Flasche und sagte: „Ich hol' uns noch eine. Auf einem Bein steht hier keiner. Auch nicht unsereiner. Prost."

Eine Minute später knallte sie eine neue Flasche Rotwein auf den Tisch: „Mein Mann kommt wieder einmal etwas später, sagt er. Da können wir ruhig noch einen trinken. Auf die Ehe. Ist schon was Komisches, oder? Du heiratest, und dann gibt es plötzlich nur noch ein geteiltes Leben. Gut, da sind gemeinsame Momente, dann der Beischlaf, der vorher geheimnisvoll und schweißtreibend war, und dann im Ehenebel undeutlich und hastig wird. Dann das ganze Ehezubehör, das man so nicht aus dem Katalog der Romantik bestellt hat. Wenn die

Bewunderung geschwunden ist, und man merkt, dass das, was man beim Partner für Temperament gehalten hat, dass das eigentlich nur Nervosität ist, dann wird die Liebe wie ein chromglänzender Oldtimer ohne Motor. Schaut toll aus, bringt dich aber nirgends mehr hin. Das Leben versteht man rückwärts. Leben muss man es aber vorwärts. Prost."

Frau Börner hob ihr Glas und schaute die beiden Kargers an, die betroffen über den Tisch hinweg auf sie starrten. „Hups, ich glaube, ich merke den Wein", sagte sie, und dann: „Na ja, ich habe heute Nachmittag schon ein Glas oder zwei getrunken, wenn ich ehrlich sein soll. Das ist jetzt nicht so meine Art, wissen Sie."

„Ja gut, wir werden so langsam auch ein bisschen müde. Ich glaube, wir gehen jetzt mal zu uns rüber", sagte Karger, aber Frau Börner wurde jetzt etwas lauter und meinte: „Nein, nein. Bleiben Sie noch ein paar Minuten. Bitte. Wissen Sie, ich meine ... wir sind doch erwachsene Menschen und können über sowas reden. Mein Mann, der war in Bremen der angesagte Dermatologe, habe ich das schon erzählt? Egal. Seine Patienten haben ihn verehrt. Ich weiß das, denn ich war lange genug seine Sekretärin. Wegen mir hat er sich scheiden lassen, damals. Und ich habe ihn geheiratet, obwohl ich mitgekriegt habe, was da so alles läuft. Das wird alles anders, wenn wir erst mal hier sind, habe ich mir gedacht. Jetzt sind wir hier. Und es geht's wieder von vorne los. Ich bin ja nicht blöd. Oder doch?"

Frau Börner blickte stirnrunzelnd zu den beiden Kargers auf der anderen Seite des Tisches, schwenkte ihr Glas und sagte mit leicht aggressiver Stimme: „Bin ich jetzt blöd, oder was?"

Karger holte tief Luft, aber Frau Börner sprach weiter: „Nein. Nein, das bin ich nicht. Wissen Sie was? Ich bin immer gegen die scharfen Kanten des Lebens angerannt. Immer. Und meine Seele, die ist voller blauer Flecken. Aber deswegen bin ich noch lange nicht blöd. Prost."

Später, in Kargers Schlafzimmer, das an das gemeinsame Bad angrenzte.

Die Situation muss man sich so vorstellen: normalerweise geht Karger zuerst ins Bad. Weil es bei ihm ruck-zuck geht. Kleine Wäsche, Zähneputzen, fertig, Bett. Frauen haben da einen anderen Ablauf, warum auch immer.

Auf jeden Fall, an diesem Abend, nach einem eher hastigen Abschied von der heftig angetrunkenen Frau Börner, sagte Frau Karger zu ihrem Mann: „Lass mich mal da rein. Du machst es dir hier auf deinem Bett gemütlich, und ich komme dann noch schnell vorbei. Wir hätten da nämlich heute noch was zu besprechen. Und wenn du jetzt zuerst ins Bad gehst, dann besteht die Gefahr, dass du pennst, wenn ich rauskomme, klar?"

„Natürlich, wie du meinst", sagte Karger, während er sein Bett etwas von dem Fenster weg rückte und kontrollierte, ob das besagte Fenster auch richtig fest geschlossen war.

„Keine fresh-air-Party heute Nacht? Kann es sein, dass wir eine leichte Kuss-Allergie haben?", meinte Frau Karger auf dem Weg ins Bad und beobachtete ihren Mann, der erst das fest verrammelte Fenster ansah und dann sein Bett taxierte.

„Das ist jetzt nicht das, wonach es aussieht", sagte Karger, „die komischen Tiere da draußen, die sind mir schnuppe. Ich habe nur heute zufällig in der Zeitung gelesen, dass man nachts die Fenster zumachen soll, wegen den Ozonwerten und so. Es ist scheinbar nicht so gut, wenn man das alles einatmet, diese Ozondinger und alles, was damit zusammenhängt, oder?"

„Du hast ja so recht. Schlaf nicht ein, ich bin gleich da."

Zehn Minuten später öffnete sich die Tür zum Badezimmer mit einem Schwung, und Frau Karger tänzelte zum Bett und sagte: „Taataa. Na, was sagst du jetzt?"

Was soll man sagen? Zu einer Frau im durchsichtigen schwarzen Neglige' mit Strapsen und Seidenstrümpfen? Frau Karger wedelte mit den Händen über ihrem Kopf, lächelte ihren fassungslosen Mann an und sagte: „Das habe ich heute in Prien gekauft. Ich hab' gesagt, ich such mir eine Toilette, aber ich wollte dich überraschen und hab´ das hier heimlich gekauft. Na, Tiger, wie ist es? Bereit für einen wilden Ritt?"

Karger sah sich das kleine schwarze Nichts am Körper seiner Frau an und sagte: „Oh Mann, da fällt mir ein, ich muss Mama noch anrufen!"

Während er nach seinem Handy suchte, verschwand Frau Karger wieder im Bad und knallte die Tür hinter sich zu. Nach ungefähr einer Minute kam sie aber wieder raus und setzt sich neben Karger auf das Bett.

Der sprach schon mit seiner Mutter. Er wedelte seiner Frau mit der linken Hand zu und sagte: „Nein, Mama, ich verstehe dich wirklich sehr gut, du musst nicht so schreien. Was? Warum hast du deine Hörgeräte nicht in den Ohren, Mama? Nein, ich schreie nicht. Du schreist. Was?" Karger schaute seine Frau an und rollte mit den Augen: „ Mama, ich weiß, was die beiden Hörgeräte gekostet haben. Ich hab' sie ja für dich bezahlt. Hast du das schon vergessen? Dann nimm sie bitte auch. Was? Nein, du brauchst sie nicht für mich zu schonen. Ich will sie nicht erben. Wer hat sich scheiden lassen? Die Mullbergers? Warum denn das? Die sind doch beide so um die 88 Jahre alt, oder? Jeder von den beiden, meine ich. Was? Das glaub ich jetzt nicht. Ehrlich? Mama, schrei nicht so, mir tun die Ohren weh. Was war sonst noch? Ach so ja, das war dein Ärztetag heute, schon klar. Ja, du hast es denen wieder gezeigt, Mama. Wie? Dein Spezialarzt ist gar kein richtiger Arzt meinst du? Warum denn? Ach so, er versteht dich nicht. Aber, wenn du immer so schreist, Mama, dann versteht dich echt keiner mehr. Was? Nein, das war ein Spaß, ein Witz. Mama, Hallo? Bist du noch dran?"

Karger schüttelte sein Handy, zuckte mit den Schultern und sagte zu seiner Frau: „Tolle Klamotte. Ist das das, was die hier unter der Tracht anhaben?"

Frau Karger nahm ihm das Handy weg, legte es auf den Nachttisch und sagte: „Was ist mit den Mullbergers? Wer lässt sich denn mit 88 noch scheiden. Und warum überhaupt?"

„Na ja", meinte Karger, „meine Mutter meint, die beiden Mullbergers wollten mit der Scheidung wahrscheinlich warten, bis ihr Hund tot ist."

Frau Karger schob ihren Mann mit der flachen Hand in eine liegende Position, drückte sich an ihn und sagte: „Jetzt machen wir Feierabend. Fast, jedenfalls. Wir haben noch was zu besprechen."

Dann merkte Karger, wie eine suchende Hand zwischen seinen Beinen tastete, und seine Frau flüstere ihm ins Ohr: „Wie geht's denn dem Kleinen so? Mit dem ganzen Ozonzeugs? Lebt der noch?"

Da kannste mal sehen, dachte sich Karger noch, man muss dem alten Mädel nur öfter mal Wein einflößen und dabei aufpassen, dass sie nicht zu viel isst. Und schon geht's ab.

In dieser Nacht träumte er wieder. Aber es war ein ganz seltsamer Traum. Erst kam der Strand, so wie immer. Dann die Musik, auch so wie immer. Er lag in seiner Hängematte und schaute auf die Palmen, die sich im Wind wiegten und auf das Meer, das bersteinfarben in der Abendsonne schimmerte. Dann kam sie. Seine Göttin. Aber zum Teufel noch mal, was war das denn? Der Kopf seiner Göttin saß auf einem Esel-Körper, und sie galoppierte heran wie Mister Ed, das sprechende Pferd. Und hinter ihr: seine Frau. Auch da: der Kopf auf einem Esel-Hals. Nein. Karger schreckte aus seinem Schlaf und schaute im milchigen Halbdunkel des Zimmers wild um sich. Keiner da. Seine Frau war nach dem zugegebenermaßen heftigen und guten Sex in ihrem Bett verschwunden. Ihr Geruch war im Kopfkissen und ein bisschen auch im Raum, und Karger wischte sich den Schweiß von der Stirn. Dann drehte er sich um und versank in einem tiefen und festen Schlaf.

Gegen halb acht Uhr wurde er durch einen Schlag auf die Schulter geweckt. Seine Frau stand schon fertig angezogen vor dem Bett und sagte: „Los, Alter, schwing die Hufe. Wir fahren jetzt Frühstücken."

Wie kommt die auf Hufe, dachte sich Karger, woher kennt die meine Träume? Egal, denn ungefähr eine halbe Stunde später fuhren die beiden Kargers vom Hof und wurden kurz vor der Ausfahrt von einem gelben Porsche 911 überholt. Am Steuer saß ein gutaussehender alter Knabe, Typ „pensionierter Regierungsbeamter", der ihnen freundlich zuwinkte.

"Das war bestimmt der Dr. Börner. Hast du den gesehen?", sagte Frau Karger und er sagte: „Klar. Bin ich blind, oder was? Wahrscheinlich fährt der jetzt in die Klinik und macht ein paar Liegestützen auf einer Karbolmaus."

Frau Karger schüttelte den Kopf und sagte nichts mehr. Ein paar Minuten später saßen die beiden an einem reichlich gedeckten Tisch im Cafe Obermeier in Bernau. Karger bestellte noch eine Extraportion Spiegeleier mit Speck, und als die Bedienung weg war, sagte Frau Karger zu ihrem Mann: „ Iss nur, El Toro, damit du immer so groß und stark bist wie letzte Nacht." Karger biss peinlich berührt in eine Butter-Breze und sagte zur Bedienung, die frischen Kaffee brachte: „Sagen sie mal, gibt es hier in Bernau einen guten Osteopathen?"

„Hier gibt es nicht einmal einen schlechten", meinte die resolute Rothaarige und stellte die Kaffekanne in die Mitte des Tisches, „ Wenn Sie einen Osteopathen brauchen, dann müssen sie nach Prien rüberfahren. Da gibt es zwei, glaube ich. Aber die sind ausgebucht bis zum Geht-nicht-mehr. Und der eine, der nimmt nur noch Privatpatienten. Mein Schwager, der hat drei Monate auf einen Termin gewartet. Was fehlt Ihnen denn?"

„Och, nichts bestimmtes. Danke, gute Frau." Kaum war die Rothaarige weg, sagte Frau Karger: „Na, was sage ich? Das hier ist eine Goldgrube. Hast du dir das überlegt, was wir gestern Nacht besprochen haben?"

„Was haben wir besprochen? " Karger starrte seine Frau verständnislos an.

Sie verdrehte die Augen: „Sag mal. Haben sie dir Luft ins Gehirn geblasen, oder was?"

„Na ja, jetzt, wo du davon sprichst…"

So gegen halb zehn Uhr waren sie dann in der Werkstatt. Der Meister in seinem Blaumann kam ihnen schon auf dem Hof entgegen und sagte: „Grüß Sie. Gut, dass Sie kommen. Ich glaube, dass wir heute Abend mit Ihrem Auto fertig sind. Die letzten Teile, auf die wir noch warten, die kommen in einer Stunde. Das habe ich vorhin erfahren. Sobald die da sind, packen wir sofort an. Und dann müsste es eigentlich klappen." Er strahlte: „Na, was sagen Sie jetzt?"

Karger schaute seine Frau an und meinte: „Gut. Sehr gut. Aber wissen sie was? Machen Sie sich keinen Stress wegen uns. Wir wollen sowieso erst morgen Mittag von hier wegfahren. Lassen sie sich ruhig Zeit. Wir kommen morgen, so gegen elf Uhr und holen unser Auto ab. Ist das ok für Sie?"

Der Meister kratzte sich am Kopf und sagte: „Ja. Klar. Für uns schon. Normalerweise wollen unsere Kunden ihre Autos so schnell wie möglich zurück. Aber wenn sie meinen. Sicher. Dann haben wir ein bisschen mehr Zeit für die Kleinarbeiten."

Karger sagte: „Machen wir das so. Und wenn noch was ist, dann rufen Sie uns an, ja? Und wenn wir nichts mehr von Ihnen hören, dann sind wir morgen so gegen elf Uhr hier und holen unser Auto. Ok?"

Karger schüttelte dem verblüfften Mann die Hand und schob seine Frau zu dem Seat. Als sie auf die Straße nach Prien einbogen, sagte er: „Gut. Wo willst du hin?"

Wo wollte sie hin?

Die beiden Kargers fuhren über Eggstätt, am Hartsee vorbei nach Kloster Seeon. Weil der Prospekt so toll aussah. Jetzt muss man sagen, das ist ja auch schön, das Kloster, wie es so am See vor sich hin altert. Tausend Jahre steht das Gemäuer, und alles ist heute noch gut erhalten. Das hat bisher nur Zarah Leander geschafft. Und dann dieser geheimnisumwitterte Friedhof, mit dem Grab der Anastasia Manahan. Das war diese Frau, die immer vorgab, die Tochter des letzten russischen Zaren Nikolaus II zu sein. Das war sie natürlich nicht, aber lange Zeit hat man das geglaubt. Erst viele Jahre nach ihrem Tod wurde durch einen DNA-Abgleich festgestellt, dass sie mit der Zarenfamilie sowas von gar nichts zu tun hatte, sondern, und das ist ja auch ein Hammer, dass sie die um 1920 in Berlin als vermisst gemeldete Bauerntochter Franziska Schanzkowsky war.

Glaub' es oder nicht, dachte sich Karger später in der Wirtschaft am See. Dort erzählte ihm nämlich ein Einheimischer, dass die Urne mit der Asche der armen Schanzkowsky jahrelang auf dem Küchenschrank eines Seeoner Bürgermeisters stand. Der war nämlich der Meinung, dass so eine Schwindlerin auf dem Klosterfriedhof nichts zu suchen hat. Erst der damalige Leiter des Tourismus-Vereines konnte den Bürgermeister nach vielen biergetränkten Nächten davon überzeugen, dass es für den Fremdenverkehr besser wäre, wenn man die Franziska unter dem Namen Anastasia Manahan(sie hatte in Amerika geheiratet, deshalb der Name) neben den Gräbern der Leuchtenbergs beerdigen würde.

Na ja, und dann wollte Frau Karger noch unbedingt die Mozarteiche sehen. Die ist hinter dem Kloster, in östliche Richtung. Angeblich hat der junge Wolfgang Amadeus hier so um 1779 rum seine berühmten Offertorien komponiert. Schwer zu sagen, meinte Karger, denn ich sehe hier keinen, der das möglicherweise bezeugen kann.

Mittags fuhren sie dann zum Malerwinkel, das ist ein Hotel mit Restaurant in Lambach. Jetzt muss man sagen, dass das schon mal allein von der Lage eines der schönsten Restaurants am See ist. Die Terrasse war wie immer gut besucht, aber die Kargers setzten sich zu einem Ehepaar an einen Tisch in erster Linie, mit Seeblick total. Frau Karger seufzte und sagte wieder einmal: „Warum wohnen wir nicht hier?"

Karger nahm die Karte von der Bedienung entgegen und sagte zu dem Ehepaar gegenüber, das ihn ansah: „Wenn wir schon hier an Ihren Tisch platzen, dann erlauben Sie mir, dass ich sie zu einem Glas was-immer-Sie-möchten einlade?" Die beiden nickten freundlich und Karger sagte zur Bedienung: „Zweimal das, was die Herrschaften hier haben. Und für uns zwei Prosecco, das Essen suche ich dann gleich aus, ja?"

Man kam ins Gespräch, und der Bursche gegenüber fragte Karger, was er denn so beruflich treibe. Karger antwortete, und der Mann sagte: „Osteopath?

Ja wirklich? Mein lieber Mann, wo praktizieren Sie denn? Ich suche seit Jahren einen, der bei mir das findet, was mich quält." Man sprach über dieses und jenes, und als Karger nach der Rechnung verlangte, gab ihm sein Tischnachbar seine Karte und sagte: „Wenn Sie hierherziehen, und hier eine Praxis eröffnen, dann bin ich Ihr erster Patient, einverstanden?"

Auf dem Rückweg nach Prien, es war so gegen 15.00 Uhr, sagte Karger nach längerem Schweigen: „Weißt du, was wir jetzt machen? Jetzt fahre ich in die Klinik und frage nach dem Dr. Börner. Mit dem will ich jetzt mal ein Wörtchen reden." Frau Karger schaute ihren Mann an und meinte: „Mach uns jetzt bloß keinen Stress, ja? Mit den Eheproblemen unserer Vermieter haben wir nichts am Hut."

Kurz darauf marschierte Karger, mit seiner Frau im Schlepptau, in die Priener RoMed-Klinik. An der Rezeption fragte er nach Dr. Börner, und man bat ihn, im Cafe' zu warten.

Schon klar, Dr. Börner war der alte Knabe, den Karger morgens in dem Porsche gesehen hatte. Etwas unwirsch nahm der Arzt am Tisch Platz und sagte: „Guten Tag. Ich habe Sie beide heute früh gesehen. Bei uns auf dem Hof. Was wird das jetzt? Wer sind Sie? Wieder mal ein Eheberater? Ein Mediator? Oder vielleicht sogar ein Psychiater, oder was?"

„Was?", sagte Karger.

„Das habe ich gerade gesagt, was. Fassen sie sich kurz, ich habe keine Zeit. Was will sie diesmal?"

„Wer?"

„Meine Frau, zum Teufel noch mal. Deswegen sind Sie doch hier, oder?"

„Nein", sagte Karger, „ich wollte Sie eigentlich wegen was anderem sprechen, aber…"

„Tut mir leid, entschuldigen Sie, ich bin mit den Nerven ein bisschen runter. Was kann ich denn für Sie tun?" Der Arzt fuhr sich mit der Hand über das Gesicht und starrte die beiden Kargers an: „Wissen Sie", sagte er, „meine Frau versucht seit einiger Zeit, über Dritte mit mir zu kommunizieren. Das ist ziemlich kompliziert, das kann ich Ihnen sagen."

„Warum?", fragte Frau Karger, und der Mann im weißen Kittel schaute zu den Regalen mit den Zeitungen rüber und sagte: „Ist ja egal. Sie hat es Ihnen sowieso erzählt, oder?"

„Was?", sagte Karger, und der Arzt meinte: „Sie wiederholen sich. Passen Sie auf, ich erzähle Ihnen was, die Kurzfassung: Also, vor einigen Jahren, da wollte meine Frau aus Bremen weg. Weil sie dachte, ich hätte da was mit einer Mitarbeiterin. Da war aber nichts. Weil meine Frau aber selber eine Ex-Mitarbeiterin von mir ist, hat sie das natürlich nicht geglaubt. Sie wollte weg von Bremen, und basta. Also hab' ich nach langem Hin und Her diesen Bauernhof hier in Bernau gefunden. Ich habe meinen gut dotierten Job in Bremen gekündigt, und wir sind mit Mann und Maus nach hier gezogen. Sie hat auf dem Grundstück da oben ein paar Blockhäuser bauen lassen, weil sie ja unbedingt was Eigenes machen wollte. Vermietungen. Ein Bombengeschäft hier in der Ecke, meinte sie. Gut. Ich hab' das alles mitgemacht, weil ich meine Ehe retten wollte. Aber das Geld muss ja auch weiterhin reinkommen, oder? Denn das mit den Vermietungen, das reichte natürlich hinten und vorne nicht. Also hab' ich hier in der Klinik wieder in meinem alten Metier angefangen. Allerdings behandle ich ausschließlich Privatpatienten. Das rechnet sich. Ich arbeite viel, und meine Frau ist viel alleine. Und jetzt geht alles wieder von vorne los. Sie denkt, ich habe hier was am Laufen, und sie will, dass wir weggehen. Diesmal nach Sizilien. Dort will sie eine Zitronenplantage übernehmen und Limoncello herstellen, oder wie das klebrige Zeugs heißt. Aber ich kann nicht mehr. Und ich will auch nicht mehr. So, das war die Kurzfassung. Und was wollen Sie jetzt von mir?"

„Ganz was anderes will ich von Ihnen", sagte Karger, „ich bin Osteopath. Aus Osnabrück. Und ich überlege, nein, wir überlegen, ob wir umsiedeln. Hierher, an den Chiemsee. Und deswegen wollte ich mit Ihnen sprechen. Wie es hier mit Osteopathen aussieht und so"

„Was? Wie meinen Sie das?" sagte Dr. Börner und starrte Herrn Karger an.

„Das 'was', ist eigentlich eines meiner Wörter. Benutzen Sie bitte Ihre eigenen", sagte Karger, „ja, das war eigentlich alles, was ich wissen wollte: wie schaut es hier aus Ihrer Sicht für einen guten Osteopathen aus?"

„Mann Gottes", sagte der Arzt, „Wenn sie in Ihrem Job top sind, dann rennen Sie hier offene Türen ein. Hier werden Sie zu tun haben, das glauben Sie nicht. Willkommen am Chiemsee." Dr. Börner streckte Karger die Hand über den Tisch entgegen und sagte: „Wo wollen sie praktizieren? Haben Sie schon was in Aussicht? Haben Sie sich schon was angesehen?"

„Nein", sagte Karger, „wissen Sie, das ist so eine Spontanidee, eine aus-dem-Bauch-heraus-Entscheidung."

„Egal. Hier, warten Sie. Wo hab' ich denn…?"Dr. Börner schlug mit der flachen rechten Hand erst auf die Seitentaschen seines weißen Arztkittels, dann griff er in die Brusttasche seines hellblauen Hemdes und zog einen Zettel und einen Kuli hervor: „Hier, ich schreibe Ihnen die Nummer eines Maklers auf. Der Kerl ist Spitze. Der hat uns auch den Bauernhof vermittelt. Wir surfen jetzt zusammen, drum kenne ich seine Handynummer auswendig." Börner überlegte kurz, während er sprach und schrieb auf den Zettel, den er dann mit schwungvoller Geste an Karger weiterreichte: „Hier. Und wenn Sie das wirklich durchziehen wollen, dann kriegen Sie von mir gleich ein paar dutzend Patienten, das verspreche ich Ihnen. Nach welcher Methode arbeiten Sie? Traditionell nach Taylor Still und Sutherland, oder was?"

„Ja, schon", sagte Karger und Dr. Börner fuhr ihm ins Wort: „Ich muss wieder, ehrlich. Ziehen Sie das durch, Mann. Sehen wir uns heute Abend? Ich komme so gegen zehn, halb elf nach Hause. Sind Sie da noch wach?"

„Nein", sagte jetzt Frau Karger, „wie wir heute früh erfahren haben, können wir jetzt dann unser Auto abholen. Anschließend fahren wir noch zum Alpenhof hoch und holen unsere Sachen. Und dann düsen wir los. Wenn wir so gegen sieben Uhr abends auf der Autobahn sind, dann können wir um zwei oder drei Uhr morgens zuhause sein. Nachts ist ja auch weniger Verkehr. Auf der Straße, meine ich."

Dr. Börner grinste und stand auf: „Willkommen am Chiemsee, sag' ich dann schon mal. Willkommen bei den Seemenschen. Sie werden es nicht bereuen."

„Was war das denn jetzt?" sagte Karger im Auto zu seiner Frau.

„Na ja, der Werkstattmensch hat doch gesagt, unser Auto wird wahrscheinlich heut noch fertig. Und auf Wein und traurige Geschichten hab' ich heute sowas von überhaupt keinen Bock. Mein Angebot: wir holen das Auto, packen unseren Kram und fahren ab in die kalte Heimat. Du fährst die ersten drei oder vier Stunden, und dann übernehme ich bis nach Osnabrück. Und morgen, da planen wir den Rest unseres neuen Lebens. Hier am Chiemsee, Alter. Na, was läuft?"

Kurz vor 17.00 Uhr waren sie in der Werkstatt: Auto fertig. Sieht aus wie neu. Oben, am Alpenhof mussten sie einer doch ziemlich enttäuschten Frau

Börner erklären, das sie kurzfristig beschlossen hatten, jetzt gleich loszufahren.

Karger semmelte dann durch bis kurz vor Kassel. Die letzten beiden Stunden nach Hause fuhr seine Frau. Jetzt, und das ist noch interessant, verfiel Karger während ebendieser letzten Stunden bis Osnabrück auf dem Beifahrersitz des Passat in einen tiefen Schlaf. Und dann kam der Traum wieder. Diesmal waren es aber keine Palmen und auch kein brasilianischer Sandstrand, sonders es sah aus wie … der Steinstrand am Malerwinkel. Und anstatt der Palmen waren da Tannen und Laubbäume. Und Karger ging mit seiner Frau über die runden Kieselsteine, bis er das Wasser des Chiemsees an den Füssen spürte. Er schaute seine Frau an, die lächelte und zu ihm sagte: Willkommen bei den Seemenschen. Und Karger sagte im Traum zu seiner Frau: „Siehst du, wenn wir zu Tante Sieglinde nach Seebruck gefahren wären, dann wären wir jetzt nicht hier. Am Chiemsee. In unserer eigenen Praxis. Schau mal da drüben, die beiden Möwen. Die beobachten uns."

Anna & Bertl...
kein guter Tag für Möwen-Männer

Der Chiemsee hat schon was ganz Besonderes. Es ist gar nicht mal so sehr seine Fläche von fast achtzig Quadratkilometern, die ihn aber immerhin zum größten Gewässer in Bayern macht. Und zum drittgrößten See in Deutschland, gleich nach dem Bodensee und der Müritz. Die Einheimischen nennen ihren Chiemsee deswegen stolz „das bayerische Meer." Und Recht haben sie.

Es ist auch nicht die Uferlänge, die immerhin auf dreiundachtzig Kilometer kommt, zusammen mit der Uferlänge der Inseln natürlich. Nein, es sind die Menschen, die hier leben. In den idyllischen Orten ringsum an den Gestaden und auf den beiden Inseln. Die Menschen und die Tiere, die geben dem Ganzen diese Wahnsinnsmagie, die einem über kurz oder lang auf die Seele schlägt.

Gut, vielleicht sind nicht alle Menschen hier im Chiemgau magisch, und auch nicht alle Tiere streben nach der reinen Harmonie. Von einigen dieser Exemplare, die an ihrem inneren Harmoniespiegel noch etwas arbeiten könnten, handelt diese Geschichte.

Und jetzt lehnen Sie sich zurück, schließen Sie die Augen und stellen Sie sich vor, Sie sitzen an einem strahlenden Spätsommernachmittag am Ende eines Bootsstegs, vielleicht am Malerwinkel oder in Prien. Ihre Beine hängen in das fast lauwarme Seewasser. Kleine Fische schwimmen eilig hin und her, und es riecht nach Tang, Moos und Glückseligkeit. Etwas vom Ufer entfernt treiben majestätisch zwei Schwäne, und gleich daneben hört man ein paar Stockenten um ein Stück Brot streiten.

Über Ihnen, am Himmel, tummeln sich zwei Möwen. Stolze Vögel, die sich mit kraftvollen Schwüngen durch die klare Sommerluft bewegen. Obwohl, wenn Sie die beiden belauschen könnten, und das etwas unmelodische Gekrächze verstehen, dann würde man vielleicht bei folgendem Dialog in die Diskussion einsteigen, die sich da oben über dem Wasser abspielt:

„Jetzt mach voran, Alter. Schwing die Federn und gib Dampf auf den Kessel. Wenn du so kläglich weiterflatterst, erwischen wir den Fischer nicht mehr." Anna, die schlanke und sportliche Möwendame, blickte zwischen zwei Flügelschlägen nach hinten zu ihrem Bertl. Der klapperte mit dem Schnabel und krächzte: „Bla, bla, bla." Dann verschluckte er sich und kam jetzt auch noch aus dem Flügeltakt. Er trudelte ein bisschen, fing sich dann wieder und rief zu seiner Möwenfrau nach vorne: „Ein alter Mann ist keine Rakete. Und heute geht' s mir gar nicht gut. Mach' doch nicht so eine Hektik da vorne."

Aber Anna dachte nicht im Traum daran, das Tempo zu drosseln. Sie lachte, schüttelte den eleganten schmalen Kopf und rief: „Alt? Es ist doch so: Du warst nie jung. Du bist schon alt aus dem Ei gehumpelt. Und was ich bei dir früher für Temperament gehalten habe, das war Schusseligkeit. Jetzt komm. Wenn der Flori mit seinem Boot schon an der Insel ist, da sehe ich schwarz für meine Abend-Renken. Und für deine auch. Leg Kekse nach und gib Gas."

Jeder will lange leben, aber keiner will alt werden, dachte sich der Bertl und rief: „Mir ist schlecht. Ich hätte die Fischsemmel nicht essen dürfen. Jetzt mach doch ein bisschen langsamer. Ich kann heute nicht so recht durchziehen, und wahrscheinlich muss ich gleich reihern. Lass uns ein Boot suchen, ich muss mich ein bisschen hinsetzen, dann geht es wieder."

„Wahre Gourmets essen von allem ein wenig, aber immer nur das Beste. Aber du, du frisst immer alles in dich rein, was dir vor den Schnabel kommt. Wer weiß, wie lange die Fischsemmel schon unter der Bank gelegen hat. Ich hätte die nie im Leben gefuttert. Mit der konnte man sich nämlich schon unterhalten, so alt war die. Das hast du jetzt davon. Geschieht dir recht."

„Ach hättest du geschwiegen, wärst du ein Philosoph geblieben", brüllte Bertl nach vorne und Anna drehte den Kopf und flog etwas langsamer: „Was?"

„Das, meine Liebe, das hat ein kluger Mann gesagt, nämlich der römische Gelehrte Anicius Manlius Torquatus und so weiter. Fünftes Jahrhundert nach Christus."

Anna beäugte ihren Bertl misstrauisch und fragte: „Woher weiß einer wie du was von einem wie dem?"

„Die Fischsemmel war teilweise in die OVB vom Freitag eingewickelt, und da, auf einem von den Zeitungsfetzen, da stand das Zitat. Aber lassen wir das. Der Klügere gibt nach, und damit ist diese Diskussion beendet", sagte Bertl und Anna meinte: „Wieso, ich habe doch gar nicht nachgegeben, oder?"

„Kannst du nur ein einziges Mal deinen vorlauten Schnabel halten. Immer musst du das letzte Wort haben. Früher war das anders. Früher war überhaupt alles anders und besser, sogar die Fischsemmeln."

„Blödsinn", rief die Anna nach hinten, „früher war nichts besser, aber früher waren wir jünger, und da war uns alles wurscht."

„Mir wird jetzt echt sowas von übel. Wenn ich nicht gleich einen Platz zum ausruhen finde, dann…."

„Hey, Alter, schau mal da schräg nach unten." Anna fuchtelte mit dem rechten Flügel und kam leicht ins Trudeln.

„Wo? Was?" der Bertl, dem schon die Augen tränten, starrte unter sich und dann zu Anna vor.

„Da schräg vor uns, da unten, bei der Krautinsel. Das große Segelboot."

Und tatsächlich: etwa 100 Meter voraus lag eine weiße Bavaria 50 Cruiser vor Anker. Hinten, an Deck saßen vier Personen auf den Bänken. Zwei rechts und zwei links, soviel konnte man sehen. Und lässig an das große Steuerrad am Heck gelehnt, stand ein großer, schlanker Mann mit schulterlangem grauem Haar und sonnengebräuntem Gesicht. Der ganz in teure weiße Schlabberklamotten gekleidete Kerl schien der Skipper zu sein, denn die Sitzenden beobachteten jede seiner Handbewegungen.

Offensichtlich sprach der Weißgekleidete lebhaft zu der Gruppe.

„Komm Bertl, da unten legst du jetzt eine glatte Landung hin, und dann setzen wir uns ein bisschen auf die seitliche Reling vorne am Schiff, ok?"

Bertl konnte nur noch nicken, ging in den Sinkflug über und nahm Kurs auf die Bavaria. Gut, die Reling hätte er beinahe verfehlt, konnte sich aber in letzter Sekunde festkrallen. Seine Anna schwebte natürlich leicht wie eine Daunenfeder über das Schiff und ging seidenweich neben ihm auf der Reling nieder. Angeberin, dachte sich Bertl, sagte aber nichts, weil ihm der Kloß im Hals fast die Luft zum Atmen nahm. Nie wieder Fischsemmel, oder vielleicht sollte ich eine Zeitlang mal ganz vom Fisch weg?

Die Menschenwesen am Heck hatten von den beiden Möwen nichts bemerkt, aber Anna und Bertl konnten die Worte des Kerls am Steuerrad deutlich hören: „....und deswegen sage ich euch, liebe Freunde, dass das Sprechen mit Tieren eine lange Tradition hat. Das Zusammensein und Kommunizieren mit anderen Gattungen ist nichts Neues. Seit vielen Jahrhunderten haben einige Auserwählte die Gabe, sich dem Tier gegenüber verständlich zu machen, und zu verstehen, was das Wesen erwidert. Der heilige Franziskus konnte sich mit allerlei Tieren unterhalten, sagt man. Mahatma Ghandi wurde diese Fähigkeit ebenfalls zugeschrieben. Und mir natürlich. Deswegen sind wir heute hier auf meinem bescheidenen Boot."

Wobei man jetzt natürlich erwähnen sollte, dass die besagte Segelyacht alles andere als ein bescheidenes Boot ist. Auf ihr finden locker zehn Personen Platz, und so ein Schiff kostet mit ein paar Extras schon mal um die 250-300.000.- Euros.

Unter Deck glänzten polierte Mahagonimöbel, und in den beiden Nasszellen waren goldene Wasserhähne.

Woher hat einer wie dieser weißgekleidete, gutaussehende Mann mit den strahlend blauen Augen und den elfenbeinweißen Zähnen so viel Geld?

Nun, diese Frage könnte Ihnen ein bestimmter Kommissar der Schweizer Kantonspolizei mühelos beantworten. Der leitet nämlich die SoKo „Blume".

Und so heißt unser imposanter Skipper mit bürgerlichem Namen: Fritz Blume. Von Beruf ist er Versicherungsbetrüger, und hat vor knapp neun Monaten eine große Schweizer Lebensversicherung um umgerechnet 980.000.- Euro erleichtert.

Natürlich war dann ein schneller Tapetenwechsel dringend nötig, und so wurde aus dem eloquenten und weltgewandten Herrn Blume, der in den 5-Sterne-Hotels dieser Welt ein-und ausging, auf wundersame Weise Professor Ivo Sarkatian. Ausgestattet mit einem hervorragend gefälschten kroatischen Pass und einer farbenfrohen, selbstgebastelten Urkunde aus Mauritius, die ihn als Professor Dr. rer. nat. auswies, kaufte er besagte Bavaria und zog sich auf den Chiemsee zurück. Studienhalber, wie er verlauten ließ.

Das Leben und Wirken der Larus argentatus, der Silbermöwe hätte es ihm angetan, erzählte er den staunenden Verkäufern in der Werft, besonders die Arbeiten des berühmten Tier-Verhaltensforschers Nikolaas Tinbergen wolle er mit gewissen Aspekten der evolutionsbiologischen Ausführungen von Ernst Mayr vergleichen. Ob das hier am Chiemsee wohl schon mal jemand gemacht hätte?

Die beiden Verkäufer schüttelten sprachlos die Köpfe und drangen nicht mehr weiter in den Herrn Professor, der überdies für den Yachtkauf keinerlei Finanzierungshilfe brauchte. Solche Kunden sind heutzutage selten, und da hinterfragt man nicht viel.

Da es dem selbsternannten Professor aber nach ein paar Wochen schrecklich langweilig wurde, inserierte er in diversen esoterischen Zeitschriften und bot Seminare in Tierkommunikation an.

Warum ausgerechnet Tierkommunikation? Weil ihm im Zweifelsfall kein lebender Mensch nachweisen kann, ob er nun tatsächlich mit Tieren kommuniziert hat oder nicht. Quod erat demonstrandum, wie der Lateiner sagt. Und weil es einfach in seiner Natur lag, anderen Menschen was vorzugaukeln und ihnen ihr Geld abzuschwatzen. Ja gut, einer der Gründe war natürlich auch, dass sich Sarkatian, oder Sagrotan, wie er sich insgeheim selber nannte, erhoffte, über die Esoterik-Masche an willige Frauen ranzukommen.

Einem Guru oder weisem Meister folgte man eben eher ins Bett als einem Betrüger. Obwohl das meist ein- und dasselbe ist.

Doch zurück zu Anna und Bertl. Während Anna kurz ihr Federkleid putzte, hatte Bertl sichtlich Mühe, auf dem glatten Edelstahlrohr des Geländers das Gleichgewicht zu halten. Jetzt bekam er zu allem Überfluss auch noch Schluckauf. „Mann, ist mir schlecht. Gleich kommt's mir hoch", stöhnte er zwischen zwei Aufstoßern, und Anna erwiderte scharf: „Kotz jetzt hier nicht auf das Deck. Reiß dich gefälligst zusammen. Mein Gott, mit dir kann man echt nirgends hinfliegen, Alter."

Der Professor, der wegen des Gekrächzes erst unwirsch zum Bug schaute, dann aber die beiden Möwen wahrnahm, unterbrach seinen Vortrag, streckte einen Arm theatralisch in die Luft, und zeigte mit dem anderen zu den beiden Möwen und sagte mit viel Pathos in der Stimme: „Jetzt sehet hin, meine Lieben, schaut euch die beiden Geschöpfe Gottes an, die von meiner Energie angezogen wurden, und jetzt gebannt meinen Worten lauschen."

Die zwei Personen, ein Mann mittleren Alters und eine etwas üppige Mittdreißigerin mit Rastalocken und einem Piercing in der Unterlippe, drängten sich zu den anderen beiden Teilnehmern nach Steuerbord. Die, zwei Schwestern aus Eggstätt, die dort seit vielen Jahren einen Bio-Geflügelhof betrieben, rückten unwillig etwas zur Seite, verdrehten aber auch die Köpfe, um die beiden Möwen zu sehen.

„Und jetzt frage ich euch, was haben wir hier?" dozierte Sarkatian, „Hier, meine Freunde, seht ihr zwei prächtige Exemplare der Gattung Silbermöwe oder Larus argentatus, wie wir Wissenschaftler zu sagen pflegen. Diese wunderbaren Vögel können bis zu 60 cm groß werden, und wenn man sich so eine ausgewachsene Möwe im Flug ansieht, dann kann der Abstand von einer Flügelspitze bis zur anderen schon mal um die 150 cm sein. Silbermöwen können bis zu 30 Jahre alt werden. Der ältere Vogel da vorne auf der Reling dürfte sogar schon auf die Vierzig zugehen, das sehe ich an seinem Aussehen und der senilen Körpersprache. Erstaunlich, nicht wahr?"

Sarkatian holte tief Luft und setzte zum nächsten Satz an, während Anna zu ihrem Bertl sagte: „Ich widerspreche dem Kerl da vorne ja nur ungern, aber speziell du wirst niemals so alt werden, wie du jetzt schon aussiehst."

Bertl würgte trocken und flüsterte: „Ich glaube, ich muss sterben. Mir wird sowas von mulmig. Mann, ist mir schlecht. Gleich kommt alles raus."

Jetzt sprach der Professor weiter: „Freunde, ich werde diesen Tieren jetzt meine kosmische Energie senden, und dann werde ich mit ihnen in Verbindung treten. Was soll ich diesen stolzen Tieren sagen? Oder nein, was möchtet ihr, dass ich sie frage?"

„Moooment", sagte der Mann, ein Malermeister um die Vierzig aus Pittenhart, der sich zwischen den drei Frauen sichtlich unwohl fühlte: „Wollen Sie jetzt etwa loskrächzen oder was?"

„Mein Lieber", erwiderte Sarkatian alias Blume, und bedachte den übergewichtigen, glatzköpfigen Brillenträger mit huldvoller Verachtung: „Ich habe mit den Walen im südlichen Atlantik geplaudert. Übrigens hatte ich immer eine spezielle Affinität zu Walen. Sie sind- wie soll ich sagen, die Weisen der Meere, die Hüter der ökologischen Gleichheit und der spirituellen universellen Energie, ohne die wir Menschen immer noch von Baum zu Baum hopsen würden. Meine Seelenverwandtschaft zu den Walen ist tausende von Jahren alt. Aber nicht nur das: Ich war in Kuwait und habe arabischen Rennpferden erklärt, dass der Sattel an und für sich nichts Böses ist, sondern nur dazu dient, dass der darauf sitzende Kaftanträger einigermaßen sicheren Halt hat und nicht auf seine Datteln fällt."

An der Stelle sagte die Anna zu ihrem Bertl: „He, Alter, da fällt mir der alte Witz ein: Wie sagt man zu einem Cowboy ohne Pferd? Na? Pass auf, jetzt kommt ein Brüller: Sattelschlepper! Ist der gut, oder ist der gut, was?"

Aber Bertl krümmte sich, weil ihn Magenkrämpfe plagten und sein Brechreiz immer stärker wurde.

Sarkatian, der sich nun warmgeredet hatte, sprach mit getragener Stimme weiter: „Und ich habe in der östlichen Sahara mit Klapperschlangen gesprochen und ihnen erzählt, dass sie woanders besser leben können, und dann...."

„Moooment!"

Hier unterbrach der Malermeister den Professor mit einem hämischen Auflachen und hob die Hand mit ausgestrecktem Zeigefinger, wie es ein Grundschüler machen würde. Dann sagte er, zu den Frauen gewandt, noch einmal mit Nachdruck: „Moooment, ja?! Ich war zufällig erst vor ein paar Monaten dort. Also, da in der Nähe, meine ich. Flug und Hotel und Tischgetränke frei, alles für schlappe siebenhundert die Woche. War super. Was wollte ich sagen? Ach so, klar: in der östlichen Sahara gibt es gar keine Klapperschlangen."

Sarkatian winkte ab und meinte: „Ach ja? Jetzt natürlich nicht mehr. Deswegen habe ich ja mit den Schlangen gesprochen. Die sind jetzt woanders. Sie bestätigen meine Rede, lieber Mann, ich danke Ihnen dafür."

Er räusperte sich, warf dem Mann einen bösen Blick zu, fing sich aber schnell wieder und sagte: „Ich habe die Lamas in den Anden zum Tanzen gebracht, ich habe…."

Wieder war es der Malermeister, der die Hand hob und grinsend sagte: „Ehrlich? Das habe ich mit meiner geschiedenen Frau dreißig Jahre lang versucht. Sie zum Tanzen zu bringen, meine ich. Das konntest du voll vergessen. Und so ziemlich am Schluss unserer Ehe habe ich mal zu einem Kumpel gesagt, 'Du Sepp, ich glaube, meine Alte ist tot. Warum?, sagt der Sepp, und ich 'Na ja, im Bett ist sie so wie immer, aber in der Küche sieht es aus wie Sau'."

Beifall heischend sah sich der Kerl zu den drei Frauen um, die aber straften ihn mit Verachtung und blickten auf den Professor. Der breitete die Arme aus und fragte: „Lieber Bruder, warum bist du denn überhaupt hier auf meinem Boot, wenn dir jeglicher Glaube an das Kosmische fehlt?"

„Weil", sagte der Pittenharter, und rückte sich die ausgebeulte braune Hose im Sitzen zurecht, „ich meiner Katze endlich mal die Krallen schneiden will, ohne dass sie mir fast die Augen auskratzt. Das soll sie mir mal erklären, Professor. Warum sie so aggressiv ist, die Marylin. Und ich will ihr dann in einfachen,verständlichen Worten folgendes sagen: Halt still, oder ich schneid dir die Rübe gleich mit ab. Können Sie das für mich dolmetschen, oder geht das nicht so einfach?"

„Ja ja, die Katzen", sinnierte Sarkatian, „die Spezies der Samtpfoten, mein Bruder, die kennt seit Jahrtausenden nur Verletzung und Grausamkeit. Die Katze an sich ist, rein gentechnisch und evolutionsmäßig gesehen, psychologisch traumatisiert. Das geht bis auf die alten Ägypter zurück. Und stelle dir nur vor, mein Bruder, dir würde jemand die Fingerkuppen bis zum ersten Gelenk abschneiden, da würdest du auch nicht friedlich zuschauen und dabei das Kufsteinlied singen, oder? Aber lass uns jetzt mit diesen beiden stolzen Möwen kommunizieren, und im Anschluss daran werde ich mit deiner Katze eine esomatonisch wirkende Tiefen-Fernbehandlung durchführen. Einverstanden?"

Der Malermeister nickte, und Sarkatian räusperte sich, schloss die Augen, senkte den Kopf und hielt sich die Fingerspitzen an die Schläfen. Er schwieg ungefähr eine Minute und sagte dann mit sonorer Stimme: „Ich werde jetzt in Phase eins eintreten. Das bedeutet höchste Konzentration. Dann werde ich alles, was unseren schwachen Geist beeinflusst, hinwegschieben. Alle störenden Gedanken an Verkehr jedweder Art. Hemmende Faktoren wie Gedanken an schlechtes Fernsehen, Verbrechen, Lust und Leidenschaft. Hass und Gier verschwinden aus meinem Kopf wie der Morgennebel, der sich verflüchtigt und den goldenen Strahlen der ewigen Sonne Platz macht. Selbst der Urinstinkt nach Sex, nach schweißgebadeten nackten Körpern, nach wilden Vereinigungen und Ekstase, selbst dieser Drang, der seit Jahrtausenden in jedem echten Mann wohnt, wird nun in den Hintergrund geschoben."

Sarkatian blinzelte mit gesenktem Kopf zwischen seinen Händen mit dem rechten Auge nach der Rasta-Frau. Die leckte sich mit der Zunge über das Piercing und hatte einen verträumtem Blick unter den halbgeschlossenen Lidern. Den Blick kannte er. Die ist heute fällig. Die lasse ich nachsitzen. Super.

Sarkatian hob die Stimme und sprach langsam weiter: „Nun nehme ich die Gedanken und Gefühle der beiden Möwen auf. Ja, ich spüre schon, wie sie in mich fluten. Nun erstelle ich ein innerliches Bild, das aus meinen Fragen besteht, und projiziere dieses in die Köpfe der beiden Vögel. Dazu schiebe ich das Gedankenbild jetzt wie einen Ball von mir weg, zu den beiden Kreaturen Gottes hin, und mache, dass dieses Bild in ihren Köpfen auftaucht. Ich stelle mir meine Mittteilung in ihren Köpfen vor, versehe sie mit kosmischer Energie und gehe auf Empfang. Sie..sie nehmen…Verbindung mit mir auf. Ja, ich spüre…" Sarkatian wirft den Kopf in den Nacken, die Augen hält er noch immer fest geschlossen, aber seine beiden Arme deuten wie Antennen auf die Möwen „Ich spüre…eine Antwort…ja…ganz deutlich, da ist ein Signal…was wollt ihr mir sagen, ihr Geschöpfe des Herrn?"

Anna beobachtete den weißgekleideten Mann sehr interessiert, drehte den Kopf zu Bertl und meinte: „Hast du einen Schimmer, was der da vorne macht? Ich nicht, und von dem Zeug, das er da erzählt, begreife ich kein Wort. Aber toll angezogen ist er, oder?"

Bertl öffnete den Schnabel und fast alles, was er im Magen hatte, kam ihm hoch und platschte auf die Mahagoni-Planken.

Sarkatian, der ein merkwürdiges Geräusch wahrnahm, sagte mit geschlossenen Augen: „Was war das, meine lieben Freunde? Was machen unsere beiden gefiederten Mitgeschöpfe? Ich glaube, meine Botschaft ist angekommen, und sie antworten. Was wollen sie uns mitteilen? Wollen sie uns überhaupt was sagen?"

Die drei Frauen waren offensichtlich sprachlos, nur der Malermeister meinte trocken: „Da bin ich nicht sicher. Eine von den beiden Möwen hat näm-lich soeben auf das Deck gekotzt."

Sarkatian öffnete die Augen, sah die Bescherung und rief: „Seht nur, es hat gewirkt. Aber ich habe ihnen wohl zu viel Energie geschickt. Sowas kommt vor. Nun, wir werden das später wiederholen. Diese beiden Geschöpfe bedürfen nun der Erholung." Damit nahm er einen Apfel von dem kleinen Tisch-chen neben dem Steuerrad und warf ihn zornig in Richtung der Möwen.

Anna flatterte erschreckt mit einem Aufschrei hoch und rief Bertl zu, der den Kopf einzog, als der Apfel über ihn hinweg flog: „Los, Alter, schwing die Hufe. Das sind reinrassige Irre hier. Komm, mach dich vom Acker, bevor du hier bei denen im Koch-topf landest."

Bertl stieß sich von der Reling ab und schwang keuchend seine Flügel. Das ist echt nicht mein Tag heute, dachte er sich.

Sarkatian hatte seinen kurzen Wutausbruch schnell wieder im Griff, winkte den Möwen nach und sagte zu seinen vier Zuhörern: „Seht nur, wie harmonisch sie sich verabschieden. Mein Geschenk, der Apfel, hat sie beruhigt. Das macht man so, wenn man mit Tieren kommuniziert und sie im Erstkon-takt mit einer zu starken Botschaft konfrontiert. Man bietet ihnen ein Geschenk an. Bestimmt kommen sie später zurück und fischen den Apfel aus dem See. In der Zwischenzeit erzähle ich euch, meine lieben Freunde, wie wir mit den Fischen sprechen können.

Am redseligsten sind natürlich die Renken, und mit denen fangen wir jetzt an…"

Anna und Bertl hatten mittlerweile in weitem Bogen die Fraueninsel überflogen und hielten auf dem See nach Fischerbooten Ausschau. Um diese Uhrzeit waren aber die meisten Fischer schon lange wieder an Land, denn eigentlich fährt man in den frühen Morgenstunden raus auf den See, und hat so gegen neun oder zehn Uhr die Netze voll.

Wie gesagt, die meisten machen das so. Nur einer nicht, und der ist der Rebell unter den Chiemsee-Fischern. Der junge Flori. Wie er da so in seinem kleinen Boot saß, auf der Holzbank vor dem Außenborder und sein Netz einholte, fiel er den beiden Möwen sofort auf. Er war noch etwa dreihundert Meter vom Nordsteg entfernt und ganz in seine Arbeit versunken. Auf dem Kopf hatte er ein Ungetüm von Kopfhörer, die ihn wie einen riesigen Maikäfer aussehen ließen. Sein Oberkörper ruckte und zuckte zum Takt der Rap-Musik.

Anna und Bertl flogen das Boot von hinten an, so dass der Fischer sie nicht sehen konnte. Seine ganze Aufmerksamkeit galt seinem Netz und der Musik, die in seinem Kopf dröhnte.

Ab und zu stieß er merkwürdige Laute aus: „Yo, man. Check it out.", oder: „Get em down, kick them round. Yo!"

Anna und Bertl landeten vorsichtig auf der Bootskante hinter dem hochgeklappten Außenborder. „Da, links. Neben seinem linken Fuß, da liegt eine supertolle Renke", sagte der Bertl zu seiner Anna, und die erwiderte: „Du brauchst nicht so zu flüstern, Alter. Der Mann hört dich nicht. Der hört ganz was anderes."

Und tatsächlich hatte der Flori keine Ahnung, wer da hinter ihm am Heck saß. Er war gerade dabei, vorsichtig einen Fisch aus den Maschen seines Netzes zu holen, und warf einen flüchtigen Blick links nach unten, auf die Renke, die er sich zur Seite gelegt hatte. Der schönste Fisch des ganzen Fanges. Eine Renke, wie speziell für ihn gemacht. Die würde er sich heute Abend als Tatar zubereiten. Diesen Superfisch auf einem Stück dunklem Körnerbrot, schön angemacht mit Eigelb und Kapern und Zwiebeln, mit Knoblauch und Dill, Pfeffer und Salz. Mann, da lief ihm jetzt schon das Wasser im Munde zusammen.

Schnell hob er den nächsten Fisch aus dem Netz, als er aus den Augenwinkeln eine schattenhafte Bewegung wahrnahm: Eine große, weiß-graue Möwe schnappte nach seinem Superfisch, hob ihn mühelos auf und war, wusch, wieder hinter ihm verschwunden.

Der Flori zischte: „Wos zum … ja leck … Zefix aba a …", riss sich den Kopfhörer von den Ohren und sprang wie von der Tarantel gestochen von der verschrammten hölzernen Sitzbank hoch. Er verfing sich mit dem rechten Gummistiefel irgendwo, fiel der

Länge nach im Boot hin und riss sich, immer noch fluchend, das Netz von den Beinen.

Zwei wassergefüllte Bottiche, in denen Fische schwammen, kippten um, und in dem Boot tobte das Chaos. Flori sah etwa dreißig Meter schräg hinter sich zwei Möwen davonfliegen. Die eine krächzte laut und höhnisch, und die andere, eine schon etwas zerzauste Kreatur, hielt seinen Fisch im Schnabel, und versuchte mühsam, Höhe zu gewinnen.

„Da Deifi soi eich zwoa hoin und lebendig rupfa, es Mistvögl!", brüllte der Flori und schnappte sich einen der herumliegenden Eimer und warf ihn nach den beiden Möwen, die ihrerseits natürlich längst außer Wurfweite waren.

„Warum schmeißen heute alle mit irgendwelchem Zeug nach uns? Und das, wo mir eh so schlecht ist", nuschelte der Bertl mit der Renke quer im Schnabel.

„Mit vollem Schnabel quatscht man nicht. Los, nimm Tempo auf und mir nach", rief die Anna und nahm Kurs auf die Baumgruppen auf der Südseite der Fraueninsel. Vorbei an der Münsterkirche flog sie in einem eleganten Bogen zum Klostersteg und landete nah am Ufer. Der Bertl, der ja den prächtigen Fisch schleppen musste, tat sich da nicht so leicht. Und überhaupt kam zu seinem neuerlichen Brechreiz auch noch ein heftiges Bauchweh dazu.

Bertl ließ die Renke vor der Anna ins Gras gleiten und meinte, mit einem bedauernden Blick auf die tolle Mahlzeit: „Iss du mal, ich kriege jetzt nichts runter." Anna sah auf den Fisch, dann auf den leidenden Bertl, und sagte mitfühlend: „Ist dir immer noch so schlecht?"

Der nickte: „Jetzt hab' ich auch noch Bauchweh. Ich glaube, heute sterbe ich."

Anna nickte mitfühlend und schaute zu der Holzbank, die nur ein paar Meter vom Ufer entfernt war. Auf der Bank saß ein Pärchen, beide so um die vierzig, und beide kauten auf belegten Brötchen.

„Das sind Renken-Matjes-Semmeln, was die da essen. Und zwar vom Lex, das rieche ich. So irre gute Renken-Matjes hat nur der." Sie rückte sich mit dem Schnabel den Fisch im Gras zurecht und sagte zum Bertl: „Pirsch dich mal an die beiden ran und humpel' ein bisschen. Vielleicht haben die Mitleid und werfen dir ein bisschen was von den Semmeln hin. Trockenes Brot ist gut gegen Bauchweh."

„Wenn du meinst", seufzte der Bertl. Dann legte er eine beeindruckende Vorstellung hin: Er humpelte, schlug kläglich mit den Flügeln, und ließ den Kopf hängen.

„Schau' mal, die Möwe da. Die hat doch was, oder?", sagte die Frau auf der Bank und stieß ihren Mann an: „Die ist krank. Schmeiß ihr doch mal ein Stück Semmel hin. Kann ja sein, dass das arme Tier total ausgehungert ist."

Der Mann schluckte erst langsam seinen Bissen runter, beobachtete den Bertl und meinte dann kopfschüttelnd: „Na, der hod was Ernsteres. Der machts nimma lang, des seh' ich. Da is es schad um die guade Semmel." Dann wedelte er mit seiner freien Hand und rief: „Husch husch ... schleich di, du Bazillenschiff", und zu seiner Frau sagte er: „I bin ja tierlieb, aber was, wenn der Vogel a ansteckende Krankheit hod? Ko so ein Vogel eigentlich an Rinderwahnsinn ham, ha?"

Der Bertl drehte seufzend ab und trippelte zurück zu seiner Anna. In seinem Bauch brannte mittlerweile ein Höllenfeuer.

„Auweh", sagte die Anna und verdrückte das letzte Stück von der Renke, „Der Auftritt eben war jetzt nicht so das Gelbe vom Ei, oder?"

„Passt schon", stöhnte der Bertl. „Komm, Anna, lass uns ein bisschen fliegen, vielleicht wird mir da oben in der Luft besser. Bewegung hilft ja immer. Mann, hab' ich ein Bauchweh!"

Anna schüttelte sich kurz und flog los, und der Bertl keuchte flatternd hinterher. Und wie es der Zufall wollte, führte sie ihr Steigflug genau über die „EASY MONEY", die Yacht vom Tierkommunikator. Diese lag immer noch vor der Krautinsel, der kleineren Schwester der Fraueninsel, vor Anker.

Prof. Dr. rer. nat. Ivo Sarkatian, alias Fritz Blume, dozierte ausgiebig über die Sprache der Fische, und hatte sich richtig warmgeredet, als er die beiden Möwen sah, die in niedriger Höhe auf das Boot zusteuerten. Schnell riss er beide Arme hoch, zeigte auf die Möwen und rief seinen vier Jüngern zu: „Da! Seht ihr? Die beiden Möwen kommen zurück. Sie haben meine Energie nun empfangen und sind bereit zum Gespräch. Hallelujah! Ich werde jetzt die Augen schließen und mit den beiden kommunizieren."

Sarkatian kniff die Augen zu, legte den Kopf in den Nacken und breitete beide Arme weit aus. 'Der schaut jetzt aus wie der riesige Christus in Rio, auf dem Berg da oben', dachte sich der Pittenharter Malermeister, als die beiden Möwen auch schon tief über das Boot flogen.

„Ich glaub ich krieg jetzt auch noch Durchfall, und ich kann es nicht mehr zurückhalten", schrie der Bertl zu seiner Anna vor. Aber die schüttelte nur den Kopf und flog weiter.

'Jetzt ist es auch schon wurscht', überlegte sich der Bertl und ließ den Dingen seinen freien Lauf. Die Schwerkraft tat ein Übriges, und ein Großteil der Ladung platschte auf den Kopf von Sarkatian. Der öffnete die Augen, fuhr sich mit den gespreizten Fingern der rechten Hand durch das volle, graue Haar und starrte dann entsetzt auf die weißliche, übelriechende Masse, die er auf der Hand hielt.

„Herr im Himmel, was ist das denn?" fragte er, eigentlich mehr sich selber, und der Malermeister sagte mit einem breiten Grinsen im Gesicht: „Der größere von den beiden Vögeln hat Sie soeben angekackt."

Und wenn Sie jetzt Lust auf mehr Abenteuer von Anna & Bertl bekommen haben, dann fliegen sie in Gedanken doch einfach mit. Tauchen Sie ein in die Möwenwelt und stehlen Sie sich für ein paar Stunden aus unserer schnellen Zeit, mit den INSELGSCHICHT´N, dem Buch mit der eingebauten Amüsier-Garantie.

Einzigartige Geschichten über die Chiemseeinseln

Inselgschicht'n
Taschenbuch im Format
12,5 cm x 19,5 cm
mit einem Umfang
von 222 Seiten
zum Preis von 9,90 €

Geschrieben von dem Autor Heinz von Wilk aus der Sicht zweier Möwen, die auf Ihrem Flug über die Inseln des bayerischen Meeres so einiges erleben, beobachten und belauschen. Geschichten mit viel Herz und Wärme zum „entschleunigen" in unserer doch sehr hektischen Zeit.

Der wohl abgefahrenste Chiemseekrimi

Chiemseejazz
Taschenbuch im Format
12,5 cm x 19,5 cm
mit einem Umfang von
222 Seiten
zum Preis von 9,90 €

Ein Krimi mit außergewöhnlichen, aber einfachen Kochrezepten, der sozusagen direkt vor unserer eigenen Haustüre spielt. Ein Tipp für alle, die ungewöhnlichen Lesestoff suchen. Eine herrliche Schmunzel-Lektüre! Spannend aber auch amüsant geschrieben von dem Autor Heinz von Wilk.

Tauchen Sie ein in einen echten Chiemseekrimi mit viel Witz.

www.chiemgauerverlagshaus.de

1. Auflage
© 2015 Chiemgauer Verlagshaus, Breitbrunn
www.chiemgauerverlagshaus.de

Gestaltung des Buchüberzuges:
Grafikdesign Storch, Ulrike Vohla, Rosenheim,
unter Verwendung der Fotos von
Josef Reiter, Aschau
shutterstock/avarand
Satz: Grafikdesign Storch, Ulrike Vohla, Rosenheim

ISBN 978-3-945292-11-2